国家社科基金项目"中国高校英语教师语言评估素养研究"成果

英语教师语言测评素养研究

Researching into EFL Teachers' Language Assessment Literacy

潘鸣威 肖杨田 著

上海交通大学出版社
SHANGHAI JIAO TONG UNIVERSITY PRESS

内容提要

本书为国家社科基金项目"中国高校英语教师语言测评素养研究"(16CYY028)的最终成果之一。本书围绕"语言测评素养是什么""语言测评素养应如何构建""我国高校英语教师语言测评素养的现状如何""语言测评素养应如何衡量""语言测评素养应如何提升"等问题展开,推出了《高校英语教师语言测评素养量表》。该量表不仅包含不同群体的高校英语教师,也基本涵盖了语言测评素养各个维度的内容。本书最后还阐述了将该量表嵌入到手机移动端 APP 之中的操作步骤及使用方法,为语言测评素养的提升提供了长效机制。

本书适合高校英语教师及语言测评研究领域的相关人员阅读使用。

图书在版编目(CIP)数据

英语教师语言测评素养研究/潘鸣威,肖杨田著
. —上海:上海交通大学出版社,2022.8
ISBN 978 - 7 - 313 - 26619 - 4

Ⅰ.①英… Ⅱ.①潘…②肖… Ⅲ.①高等学校—英语—教师评价—研究—中国 Ⅳ.①H31

中国版本图书馆 CIP 数据核字(2022)第 118153 号

英语教师语言测评素养研究
YINGYU JIAOSHI YUYAN CEPING SUYANG YANJIU

著　者:潘鸣威　肖杨田			
出版发行 上海交通大学出版社	地　址:上海市番禺路 951 号		
邮政编码:200030	电　话:021 - 64071208		
印　制 上海景条印刷有限公司	经　销:全国新华书店		
开　本:710mm×1000mm　1/16	印　张:11.75		
字　数:206 千字			
版　次:2022 年 8 月第 1 版	印　次:2022 年 8 月第 1 次印刷		
书　号:ISBN 978 - 7 - 313 - 26619 - 4			
定　价:69.00 元			

前　言

　　英语教师在日常教学工作中需要不断依据测评结果做出相应决策。以 1 名英语教师执教 50 名学生为例：一次测评结果将生成 50 个决策，而一年中大大小小的各类测评极有可能需要这名教师做出上万次的决策，因此，教师的工作离不开测试与评价。具备测评素养是做出正确、有效的决策的前提，这已经成为了教师应具备的基本知识和重要技能。国际上，测评素养的相关研究已经从普通教育学领域逐渐发展到了教师资格认证、教师发展、语言测试等诸多方面。在我国，对测评素养的研究和关注也处于日益高涨的上升期，有关学者结合国际上的研究成果正逐步探索符合我国国情的途径和模式。

　　本书为国家社科基金项目"中国高校英语教师语言测评素养研究"（16CYY028）的最终成果之一。本书围绕"语言测评素养是什么""语言测评素养应如何构建""我国高校英语教师语言测评素养的现状如何""语言测评素养应如何衡量""语言测评素养应如何提升"等问题展开。全书共九章。

　　第一章为"语言测评素养的基本理论"。这一章主要围绕语言测评素养的概念与基本理论展开。语言测评素养的研究起源于教育学领域，并在语言测试界中得到了长足的发展。该章首先从语言测评素养的定义出发，梳理这一概念的本质与内涵；接着逐一列举并解释语言测评素养研究中的四个模型，并对这些模型加以评述。

　　第二章为"教师测评素养国际研究热点与趋势分析"。这一章采用可视化图谱分析法，对国外教师测评素养进行文献计量学分析和梳理。该章发现国外教师测评素养研究处于发展期，研究热点主要集中在课堂测评、学生学习、教师发展等方面；研究视角主要围绕教师测评素养需求调查、水平调查、利益相关群体界定和内涵构建等不同维度开展。该章指出，教师测评素养是教师发展和语言测试相交融的研究重点，也是我国未来外语教育深化改革和教师核心素养发展的关注要点。

第三章为"语言测评素养：语言测试专家的视角"。这一章认为，随着语言测试研究的深入，语言测评素养的构念也进入新的发展阶段，沿用原有的语言测评素养构念可能无法适应如今英语教师发展的需要。本章是在第一章和第二章基础上开展的一项实证研究。通过深度访谈语言测试领域的专家学者，该章提取出语言测评素养构念发展的新动态和新外延，梳理出我国培养语言测评素养的盲区等薄弱环节，并提出了语言测评素养构念的修正模型。

第四章为"语言测试课程研究"。作为培养并提升语言测评素养的重要渠道，语言测试课程的地位可见一斑。特别是在本科生和硕士研究生的培养过程中，语言测试课程已经逐渐成为师范类英语专业学生以及英语相关专业硕士生的重要课程。该章从语言测试课程的教学大纲入手，梳理并分析了语言测试课程在我国语言测评素养中的基本状况，并结合第一章中的有关内容指出现有语言测试课程的不足之处，提出了今后对其改进的一些建议。

第五章为"语言测评素养量表：回顾、比较与展望"。这一章从语言测评素养本身转向测量这些素养的标准或量表。该章指出，教师测评素养作为核心主题不断出现在教师发展和语言测试与评价领域的研究中，从术语演变、需求调查、水平调查、利益相关群体界定和内涵构建等维度，呈现了跨学科、跨领域、多视角、多维度的教师测评素养研究范式，量表的开发和使用是其中之一。该章以美国、英国、澳大利亚、新西兰为代表的英语国家和欧洲地区教师相关专业标准文件和指南为主要研究内容，对比分析了它们的异同，对笔者所研制的《中国高校英语教师测评素养量表》有很大的参考价值。

第六章为"英语核心素养指导下的语言测评素养"。该章是一项基于师范类院校毕业生在从事小学阶段英语教学活动中所反映出的测评素养研究。该章基于我国英语学科核心素养的构成及其内涵，从师范类院校毕业生的测评素养入手，梳理并分析了我国部分地区小学阶段英语学科终结性测试的形式与内容，并着重对英语学科核心素养的内涵与终结性测试的指向进行关联研究。本章认为，我国师范类院校毕业的小学英语教师在英语学科终结性测试中深受结构主义的影响，极少测量英语学科核心素养的真正内涵与具体表征，一定程度上导致了学习英语就等同于学习英语组构知识的误解，降低了学习者的学习兴趣与动机。

第七章为"语言测评素养与《中国英语能力等级量表》"。该章在回顾《中国英语能力等级量表》(CSE)的各项重要元素后指出,要真正落实量表的相关规定,语言测试领域的研究人员、教育管理者、一线教师等都应对此深入学习并统一认识,提升自我测评素养。该章在详细介绍 CSE 写作分量表研制细节和框架结构的基础上,指出可从 CSE 中引申出语言测评素养的基本要素。该章最后指出,在 CSE 的实施背景下,语言测试的利益相关方需要掌握哪些测评素养内容和原则。

第八章为"构建《高校英语教师语言测评素养量表》"。这一章在前几章的基础上,结合我国高校英语教育的实际情况,推出了《高校英语教师语言测评素养量表》。该量表不仅包含不同群体的高校英语教师,也基本涵盖了语言测评素养各个维度的内容,是本书前几章文献分析和实证研究的综合成果。高校英语教师可通过自我测评的方式得到其测评素养的概貌。此外,该章也介绍了这一量表效度验证的结果,说明其构念效度、可操作性等问题。

第九章为"语言测评素养的常态化培养与提升"。这一章主要阐述了语言测评素养量表的应用。出于语言测评素养常态化培养和提升的考量,本书提出将量表嵌入到手机移动端 APP 之中,并通过高校教师的自评结果来推送一些他们自评后感到薄弱的环节。APP 的设计包含量表自评、知识版块、互动讨论等专区,为语言测评素养的提升提供了长效机制。基于 APP 所形成的大数据,本章也提出了今后进一步进行语言测试素养提升的研究课题等。

本书的出版受到上海市 I 类高峰学科(外国语言文学)建设项目以及上海外国语大学青年教师科研创新团队"人工智能发展中的语言习得与语言测评前沿研究"(项目号:2020114050)的资助。在本书撰写过程中,笔者得到了多位前辈学者和同行专家的指点。笔者衷心感谢上海外国语大学邹申教授、上海交通大学金艳教授、对外经济贸易大学江进林教授等专家的帮助和指点。此外,英国贝德福特大学(University of Bedfordshire)的丽兹·汉普-莱昂斯(Liz Hamp-Lyons)教授也在文献收集、数据解读等方面提供过莫大帮助。在本书付梓出版之际,作者也向上海交通大学出版社的臧燕阳编辑以及其他编辑同事表示由衷的感谢。

目　录

图 目 录

表 目 录

第一章　语言测评素养的基本理论

　　语言测评素养的研究起源于普通教育学领域,并在语言测试界得到了长足的发展。本章首先从语言测评素养的定义出发,梳理这一概念的本质与内涵,然后逐一列举并解释语言测评素养研究中的四个模型,并对这些模型加以评述。

第一节　语言测评素养的定义

　　"测评素养"一词首次由美国教育评估专家 R.J.斯蒂金斯(R.J. Stiggins)在 1991 年发表的题为 *Assessment Literacy* 一文中使用,因此,一般认为测评素养主要来源于教育学领域的相关研究。斯蒂金斯(Stiggins,1995:240)认为,具备测评素养的人有能力区分高质量和低质量的评估(sound and unsound assessment),并能运用有关知识和理论对学生的学业表现作出合理的推断。最初的测评素养研究涉及教育领域的各方人士,如学校管理者、教师、师范生,更有学者认为准教师必须要"服用测评素养这一剂良方"(a dose of assessment literacy)(Popham,2006:86)。

　　测评素养的定义在之后的研究过程中得到了进一步的发展。比如,帕特诺(Paterno,2001)将测评素养定义为:对高质量评估基本原理的掌握,包括术语概念、评估方法和技术的开发与应用;对评估质量标准的熟悉程度;对有别于传统测试的替代测试的熟悉程度等。当然,除了通过下定义的方式来对测评素养加以界定外,也可通过列举特征的方式来加以说明。例如,美国博伊西州立大学的学校进步与政策研究中心(Center for School Improvement and Policy Studies)在其官网(http://csi.boisestate.edu/ah)中指出具备测评素养的教育者应熟知以下三种高质量的测试和评估行为:①知晓应使用何种评价手段来获取可靠的学业成就；②通过使用成绩报告、分数、档案袋等方式有效地沟通评价结果；③通过评价行为将学生的潜能最大化，并将学生视为评价过程中不可或缺的主体。

然而，由于研究领域以及不同学科教育的特殊性，语言教育中的测评素养还无法在以上定义中得到充分的阐释。随着语言测试领域研究的不断深入，语言测试领域的学者们（如 Harding & Kremmel，2016；Inbar-Lourie，2008；Jeong，2013；Taylor，2013）也逐渐意识到测评素养对语言教师的重要意义，并有理由将语言测评素养从普通教育学领域中抽离出来，单独研究语言教育领域中的这一概念。由此，"语言测评素养"（Language Assessment Literacy，LAL）这一概念也应运而生。

语言测评素养的定义在语言测试领域中基本一致。比如，皮尔和哈丁（Pill & Harding，2013：382）把语言测评素养定义为"一系列能使个体理解、评估并在一定情况下创造语言测试并分析测试数据的能力集"[①]。值得注意的是，"语言"一词在这一定义中得到了凸显，比前文中斯蒂金斯（Stiggins，1995）对测评素养的定义更加具体化。

马隆（Malone，2013：329）在课堂评估的特定条件下，将测评素养定义为"语言教师对测试理论有关定义的熟知程度，以及将此知识用于一般课堂实践，尤其是用于解决与测评语言相关的问题的能力"[②]。此外，他强调"测评素养也包含掌握试题命制、成绩解释和使用以及试卷评估的能力，同时培养正确理解评估在社会中的作用和功能的能力等"[③]（p.363）。可见，马隆对测评素养的社会属性（比如，如何在特定的社会背景下组织考试并对成绩进行解释）十分关注。然而，我们也发现，这一定义并未凸显"语言"的特色。换言之，其他领域的教育，如数学、体育也可以运用这一定义。

在众多的定义中，富尔切尔（Fulcher，2012：125）对语言测评素养的定义受到较多的肯定和引用，并且随后的研究也有很多是沿着这一定义而展开的（如

[①] 原文为：a repertoire of competencies that enable an individual to understand, evaluate and, in some cases, create language tests and analyze test data.

[②] 原文为：language instructors' familiarity with testing definitions and the application of this knowledge to classroom practices in general and specifically to issues related to assessing language.

[③] 原文为：Nevertheless, acquisition of a range of skills related to test production, test-score interpretation and use, and test evaluation in conjunction with the development of a critical understanding about the roles and functions of assessment within society.

Harding & Kremmel，2016）。富尔切尔认为，语言测评素养一般包括三个方面，主要涉及"设计、开发、维护或评价大规模标准化考试和课堂测试等所应具备的知识、技能和能力；对考试过程的熟悉程度；了解指导测试实践的原则和概念，如测试伦理、行为准则"。同时他指出，语言测评素养也包括"将有关知识、技能、过程、原则和概念应用到更广泛的历史、社会、政治和哲学框架之中的能力，以便理解评价行为背后的起因，评估测试对社会、机构和个人的作用和影响"[①]。

从以上定义的发展来看，测评素养发展到语言测评素养是一个从普通到具体的演变过程，其中不仅发生了教育领域和场景的具象化，也发生了定义内涵的精细化。因此，国际语言测试学界普遍认为，语言教育者需要具备更多样、更具体的能力和素养来达到语言测评素养的要求。

第二节　语言测评素养的发展

第一节内容从定义的角度解释了何为"测评素养"以及何为"语言测评素养"，就本书的研究范畴而言，我们将主要研究方向聚焦后者。本节将在以上有关定义的基础上，以学者们在这一问题上的代表作为主线，厘清语言测评素养研究的发展脉络。

总体而言，现今语言测评素养的发展可通过一个历时途径得以呈现，如图 1-1 所示，首先是以布林德里（Brindley，2001）发表的作品作为主要标志。他认为，就语言测评素养而言，所有的语言教师应具备以下五个方面的知识：①评价实施的社会环境；②语言能力的定义和描述；③语言测试的命制和评估；④测试在语言教育大纲中的地位；⑤如何将评价付诸实施。

然而，布林德里的分类系统性不强，五个方面的知识内部结构也较为模糊。戴维斯（Davies，2008）站在更高的角度，对语言测评素养这一概念加以解释。

[①] 原文为：The knowledge, skills and abilities required to design, develop, maintain or evaluate, large-scale standardized and/or classroom-based tests, familiarity with test processes, and awareness of principles and concepts that guide and underpin practice, including ethics and codes of practice. The ability to place knowledge, skills, processes, principles and concepts within wider historical, social, political and philosophical frameworks in order to understand why practices have arisen as they have, and to evaluate the role and impact of testing on society, institutions, and individuals.

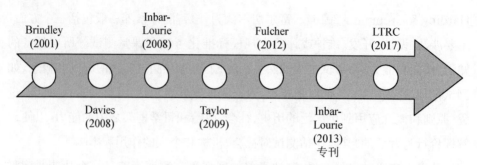

图 1 - 1　语言测评素养的历时发展

他在论著中对职前和在职教师培训提出三个核心元素，即技能(skills)，知识(knowledge)和原则(principles)。其中，技能包括教师对试题命制与编写、统计操作方面的内容；知识包括对语言能力构念以及测量方面的内容；原则主要涉及公平性、考试影响、测试伦理等方面的内容。

　　因巴尔-劳瑞(Inbar-Lourie，2008)在戴维斯所提出的三个核心元素基础上进一步发展了语言测评素养所试图解决的问题。她由此提出三个命题，即如何掌握这些技能？需要掌握哪些知识？为何需要遵循这些原则？回答好这三个问题可以有效解决如何培养语言测评素养这一重要命题。此外，2008 年对于语言测评素养的发展而言意义非凡，欧洲语言测试者协会(Association of Language Testers in Europe)于 2008 年年会期间专门研讨了有关语言测评素养研究的话题，引发了语言测试领域新一轮的思考。

　　之后的发展似乎更倾向于回答"哪些群体需要培养语言测评素养"以及"特定群体需要培养什么样的语言测评素养"这些问题。因此，泰勒(Taylor，2009：27)在学者们研究的基础上，进一步提出语言测评素养不仅需要考虑到具备什么技能、知识和原则，还要对"具体教育和社会背景下实施评价的作用和功能有着清晰的认识"。她将语言测评素养落实到不同群体，指出语言测评素养不仅应涉及考试机构和研究人员，也应涉及语言政策的制定者和教育管理者，甚至也包括家长、领导和更为广泛的公众(p.25)。

　　富尔切尔(Fulcher，2012：125)的研究可谓综合了以往学者们对语言测评素养的论述。他丰富了戴维斯的三大核心元素，进一步将语言测评素养分为实践性知识(practical knowledge)、程序性或理论性知识(procedural/theoretical knowledge)以及社会历史认知(socio-historical understanding)。这三块内容由低到高排列。此外，他还试探性地提出不同群体需要掌握哪些方面的语言测评素养。

与 2008 年类似，2013 年和 2017 年也是有关研究成果丰收的两个节点。2013 年《语言测试》(*Language Testing*)刊发专刊，由因巴尔-劳瑞作为特约编辑，从语言教师、命题人员、应用语言学研究者、入学管理者、领导决策者五个群体入手，发表了有关语言测评素养的论文。2017 年于哥伦比亚首都波哥大举办的国际语言测试大会(Language Testing Research Colloquium，LTRC)则以"跨越利益群体边界的语言测评素养"(Language Assessment Literacy Across Stakeholder Boundaries)为大会主题，集中研讨了语言测试最新的研究成果，将未来语言测试的方向推到了新的高度。学界普遍认为，语言测评素养的发展已从素养的解构转变到了素养的培养对象，从静态素养的概念发展到了动态的变化和全貌性的进步。这些趋势在最新的研究中都得到了充分的体现。

第三节　语言测评素养的外延

从语言测评素养的定义及其发展，我们可以管窥到这一概念的内涵与本质，但如何理解语言测评素养的外延？有何规范性的标准文件来规定语言测评素养的有关内容？本节将对此展开讨论。

如前文所述，语言测评素养是研究者们(Brindley，2001；Brown & Bailey，2008；Coombe，Troudi，& Al-Hamly，2012；Fulcher，2012；Harding & Kremmel，2016；Inbar-Lourie，2013 等)在教育学领域中逐渐发展起来的研究。因此，语言测评素养的本质应扎根于教育学，并对教育学中的有关理论和标准具有反向的指导意义。这种指导的直接产物之一就是美国教师联合会(American Federation of Teachers，AFT)、全美教育测量委员会(National Council on Measurement in Education，NCME)和全美教育协会(National Education Association，NEA)于 1990 年所颁布的《学生教育评价中的教师能力标准》(*The Standards for Teacher Competence in Educational Assessment of Students*)将测评素养纳入其中，并提出七条标准，具体如下：

标准 1——教师应熟练选择适合教学决策的评估方法。
标准 2——教师应擅长开发适合教学决策的评估方法。

标准3——教师应熟练管理、评分和解释外部产生的和教师产生的评估方法的结果。

标准4——教师在对个别学生做出决策、规划教学、开发课程和改进学校管理时,应熟练使用评估结果。

标准5——教师应熟练使用学生评估制定有效的学生评分程序。

标准6——教师应熟练地将评估结果传达给学生、家长、其他非专业受众和教育工作者。

标准7——教师应熟练识别不道德、非法和其他不当的评估方法和评估信息。

从标准的内容中可以发现,标准1和标准2主要聚焦教师应熟知的评价方法和手段;标准3规定了教师对施考、成绩解释的有关要求;标准4强调了考试和成绩的使用;标准5说明了评价过程中学生参与的重要性;标准6则进一步强调了考试结果的沟通和透明度;标准7落实到了评价的伦理道德问题上。这些标准成为今后测评素养研究的主要标尺(Brookhart,2001),也是衡量语言测评素养高低工具(量表)开发的重要依据(详见本书第八章)。

第四节　语言测评素养的模型

本章第二节呈现了语言测评素养研究的基本发展脉络,这一过程不仅是一条时间轴的顺序,也是语言测评素养模型的发展顺序。本节将依次具体介绍布林德里(Brindley,2001)的五元专业发展模型(five-component professional development program model)、戴维斯(Davies,2008)和因巴尔-劳瑞(Inbar-Lourie,2008)的技能＋知识＋原则模型(skills, knowledge and principles model)、富尔切尔(Fulcher,2012)的实践＋原则＋情景模型(practices, principles and contexts model)以及皮尔与哈丁(Pill & Harding,2013)和泰勒(Taylor,2013)的语言测评素养利益相关方的概貌模型(LAL stakeholder profile model)。本节的最后将对这些模型加以评述。

模型一:五元专业发展模型

这一模型的源泉仍是第三节介绍的语言测评素养的外延,即美国所颁布的

《学生教育评价中的教师能力标准》。布林德里(Brindley，2001)在充分评价《学生教育评价中的教师能力标准》的基础上认为,除了掌握的核心素养外,不同的个体对素养的掌握程度以及他们对考试或评价的参与度不尽相同。由此,布林德里(Brindley，2001)所提出的五元专业发展模型顾名思义由五块内容组成,其中包含两个核心单元和三个选修单元,如图1-2所示:

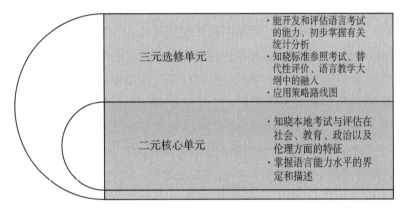

图1-2　五元专业发展模型的构成

　　在布林德里的五元专业发展模型中,核心单元之一是知晓本地考试与评估在社会、教育、政治以及伦理方面的特征。这一单元的意义在于在不同的社会文化背景下,人们对考试与评估的认知视角或价值观有所不同。比如,在有些社会文化背景下,相较于终结性评价而言,语言教育者可能对形成性评价更为重视。此外,由于社会文化等因素影响着人们对考试效度的看法,因此教师应该具备一定的能力,如在设计考试、报道分数时有意识地兼顾到各项社会因素。同样,政治和伦理方面的素养也同等重要。比如,通过一些手段来区分考生,或是突出某些社会特权阶层都将给教育考试带来极大的弊端(Shohamy，2001)。又如,如果教师不懂得如何在考试过程中让弱势群体(如残疾人士)避免受到歧视,那么此项教育考试的伦理程度也随之降低。另一核心单元则涉及对语言能力水平的界定和描述。布林德里(Brindley，2001)认为,掌握有关语言能力模型(如Bachman，1990；Bachman & Palmer，1996；Canale & Swain，1980)并指出批判性的评价是语言测评素养的主要内容。

　　就选修单元而言,布林德里(Brindley，2001)认为,语言教师首先应具备开发和评估语言考试的能力,并初步掌握有关统计分析的内容。另一选修单元涉及标准参照考试的有关内容、替代性评价(如档案袋、学习日志、学生自评)的有关内容以及如何在语言教学大纲中融入这些评价。最后一个选修单元提供了应用策略上的路线图，对以上所有单元在实践过程中可能发生的困难给予帮助。

这一语言测评素养模型为今后的研究奠定了一定的基础，特别是核心单元强调语言教育者需要掌握本地语言测评的背景和现状，这与语言测试的社会化属性息息相关（McNamara & Roever，2006；Shohamy，2001）。因巴尔-劳瑞（Inbar-Lourie，2008）在推出其新模型（即技能＋知识＋原则模型）时，对五元专业发展模型做出如下评述：五元专业发展模型中的核心单元一对应新模型中的why，即为何要实施评价；核心单元二则对应其新模型中的what，即语言能力评价的本质和特征；其余的选修单元则对应how，即评价的手段与方法。

当然，也有学者对这一模型持不同的意见。比如，因巴尔-劳瑞（Inbar-Lourie，2008）发现这一模型虽然强调了语言测试的社会化属性，但是对语言测试如何在教育决策中起到积极作用似乎并未提及。此外，不少学者认为这一模型中的核心和选修单元从分类角度而言本身也存在瑕疵。哈丁和克雷姆（Harding & Kremmel，2016：417）认为：这一模型中的五块内容都是核心，对语言教师的测评素养而言均为"必修课程"。

模型二：技能＋知识＋原则模型

这一模型是集合了因巴尔-劳瑞（Inbar-Lourie，2008）和戴维斯（Davies，2008）的有关论述。后者从历时的角度对2007年之前出版的有关语言测试教科书进行了综述，其中最早的教科书可追溯到拉多（Lado，1961）编写的《语言测试》（*Language Testing*），最新的为富尔切尔和戴维森（Fulcher & Davidson，2017）出版的《语言测试与评估：高级资源手册》（*Language Testing and Assessment：An Advanced Resource Book*）。在综述中，戴维斯（Davies，2008）提炼出语言测试教科书的一般脉络，即涉及"技能""知识"和"原则"三个方面的内容。戴维斯（Davies，2008）认为，技能是指恰当的评价方法和工具等，如试题命制、统计分析、成绩报告；知识是指教育测量和语言能力水平方面的基础以及本地化的现实因素等；原则则是指评价的使用、影响、公平性和伦理方面的内容等。这一分类与因巴尔-劳瑞同年发表的论文中对语言测评素养的三大问题，即how，what和why可谓不谋而合，如图1-3所示：

模型三：实践＋原则＋情境模型

富尔切尔（Fulcher，2012：125）在以上技能＋知识＋原则模型的基础上，通

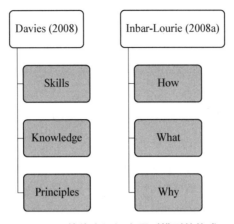

图 1-3　技能＋知识＋原则模型的构成

过在线调查语言教育者在考试与评估方面的需求，进一步拓宽了语言测评素养的模型，并通过三个层级的关系加以呈现。

如图 1-4 所示，位于底层的是实践（practices），主要包括有关语言测试的知识、技能和能力；位于中层的是原则（principles），涉及与实践有关的过程、原则和理念等；位于顶层的则是情境（contexts），表明实践和原则中值得注意的历史、社会和政治因素。其中顶层是最为重要的结构，这方面的语言测评素养可使得有关方选择并甄别实践和原则背后的缘由以及带来的影响。就这个模型而

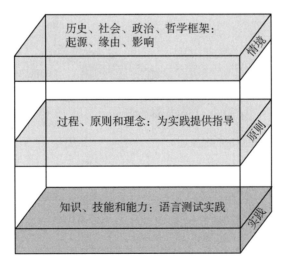

图 1-4　实践＋原则＋情境模型的构成

（翻译自 Fulcher，2012：126）

言,富尔切尔(Fulcher,2012:125)厘清了语言测评素养的内在结构,并将语言测试的社会化属性置于最高位,这进一步说明只有了解社会文化的现状方可实施测试与评价这一基本准则。由于富尔切尔(Fulcher,2012:125)在调查语言教育者过程中并未对这些群体分类,因此,一般认为这一模型的三个层次对各类语言教育者的测评素养都起到了指导性的作用。

　　模型四:语言测评素养利益相关方的全貌模型

　　上文提到,随着语言测评素养研究的不断发展,学者们越来越意识到不同的群体应掌握不同程度和不同方面的测评素养。这一模型的早期发展是从皮尔和哈丁(Pill & Harding,2013)的研究开始的。他们在拜比(Bybee,1997)有关科学学科素养研究以及威兰达(Willander,2005)有关数学学科素养研究的基础上,提出了掌握语言测评素养从"0"到"4"的五个层次,即"0"为无素养(illiteracy),属于对语言评估一窍不通;"1"为入门级素养(nominal literacy),属于基本掌握有关概念,但仍存在误解;"2"为功能性素养(functional literacy),属于较好掌握有关语言测评素养的知识和技能;"3"为程序性/概念性素养(procedural and conceptual literacy),熟知有关重要的语言测评素养知识和方法;"4"为多维度素养(multidimensional literacy),即对语言评估的核心内容以及其他有关知识都能熟练掌握。因此,这一模型的初期发展形成了一个连续体,由低到高划分了语言测评素养的掌握程度,如图1-5所示:

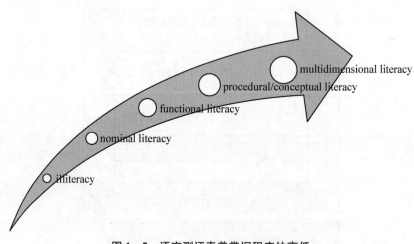

图1-5　语言测评素养掌握程度的高低
(改编自 Pill & Harding,2013)

显而易见的是,这一模型的初期发展虽然解决了语言测评素养掌握程度的高低,却未涉及不同的利益相关方应具备何种程度的测评素养。因此,泰勒(Taylor,2013)在这一基础上对此模型进行了进一步的修正和丰富。

一方面,泰勒(Taylor,2013)对之前的语言测评素养模型(如"技能＋知识＋原则"模型和"实践＋原则＋情境"模型)进行了细化,衍生出八个方面的语言测评素养内容,即理论知识(knowledge of theory)、操作技能(technical skills)、原则与概念(principles and concepts)、语言教学法(language pedagogy)、社会文化价值观(sociocultural values)、本土化实践(local practices)、个人信念与态度(personal beliefs/attitudes)以及分数与决策(scores and decision making)。尤为突出的是,泰勒(Taylor,2013)将个人信念与态度也纳入语言测评素养之中,他认为语言教育者从心理上愿意接受新的语言或教育政策,这本身也是体现测评素养高低的指标之一。其他学者(如 Breen,1997;Leung,2004;Scarino,2013)在研究教师态度对考试的作用和影响时也均对此有所涉及。

另一方面,泰勒(Taylor,2013)沿用皮尔和哈丁(Pill & Harding,2013)的模型对四类不同人群所需要掌握的语言测评素养加以界定,其中包括一般命题人员、专业命题人员、一线教师和大学管理者。换言之,他对这四类人群在以上八个方面的语言测评素养维度上需要掌握到何种程度加以界定。因此泰勒(Taylor,2013)的模型将以往的单维模型发展到了二维模型。举例而言,一线教师所需要掌握的语言测评素养可通过图 1-6 的雷达图呈现。泰勒(Taylor,2013)认为,一线教师在语言教学法维度应该达到第 4 等级,即多维度素养的要求,而部分维度(如理论知识、分数与决策)只需略微了解,达到入门级素养即可。

不难看出,模型四是在以往模型的基础上进行了深入的研究,并分门别类地将不同人群所需掌握的语言测评素养及其程度加以细化。当然,这一模型也存在一定的瑕疵。比如,不同群体所需要掌握的语言测评素养似乎只基于经验,并未通过实证调研。此外,这四类群体是否包括所有的考试利益相关方呢?在克拉姆和哈丁的最新研究中,他们将利益相关方分为六类群体:语言教师、语言考试开发人员、语言测试研究人员、应用语言学家、政策制定者(包含招生部门、移民官)以及考生本身。虽然这种分类有据可循,但如何达成最广泛的共识仍是今后的研究值得思考的问题。

结合以上模型的介绍,本节再对这些模型加以评述。总体而言,这四个模型是对语言测评素养定义的发展和丰富,并从一定程度上解决了可操作性等问题,

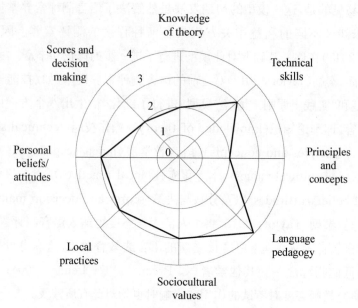

图 1-6　一线教师所需具备的语言测评素养概貌
(Taylor, 2013：410)

为今后如何培养不同群体的语言测评素养指明了方向。然而,以上模型也存在一些值得商榷的问题,集中起来有以下三个方面。

第一,虽然各个模型对语言测评素养的定义和内涵基本一致,但是不同的学者在使用相同或类似的措辞时,他们的解释不尽相同。比如戴维斯(Davies,2008)(模型二)和富尔切尔(Fulcher,2012)(模型三)在各自的模型中均使用了"原则"(principles)一词,但是两者的解释存在一定的偏差。前者主要是指考试或评价的使用及其影响、公平性和测试伦理方面的内容,后者则涉及测试实践中的有关原理、过程、概念等。由此可见,两者的定义存在交叉和互不包含的成分。

第二,对四个模型的构成都有一定的解释,但学者们尚未对这些解释加以详细或可操作性强的描述。比如,所有的解释中并未通过描述的手段来说明怎么样的群体可以做到怎么样的程度,仅通过对语言测评素养的掌握程度进行分层显得过于概化。

第三,由于研究这四个模型的学者基本是语言测试专业出身,因此模型所针对的群体大多是围绕语言教师而展开的。这就需要在今后的研究中进一步丰富其他利益相关方在语言测评素养方面的有关要求。郑(Jeong,2013)曾调查发现,师范类的语言测试教师很多并非科班出身,因此语言测试学界有义务为这一群体提供明确的测试人才培养方案,不仅涵盖语言测试课程的教学目标和指导思想,也应使得他们真正了解本土化的测试和评价,多层面剖析不同利益相关方的需求。

第二章　教师测评素养国际研究热点与趋势分析

本章运用可视化文献分析软件 CiteSpace 5.3. R8(64 - bit)，以社会科学引文索引(SSCI)期刊论文为研究语料，采用可视化图谱分析方法，对 2005—2018 年间国外教师测评素养进行文献计量学分析和梳理。研究发现，2007—2013 年间国外教师测评素养研究处于发展期，研究成果较为丰富。关键词共现分析和聚类网络表明，研究热点主要集中在课堂测评、学生学习和教师发展。研究视角主要围绕教师测评素养需求调查、水平调查、利益相关群体界定、内涵构建等不同维度。结果表明，教师测评素养是教师发展和语言测试相交融的研究重点，也是未来我国外语教育深化改革和英语教师测评素养发展的关注要点。

第一节　教师测评素养简述

测评是教学的整体(Cumming，2008)，外语教师语言测评素养的研究应贯穿于教与学的全过程，蕴含于教师专业发展的整个过程。然而，外语教师语言测评素养概念的出现可追溯到 20 世纪 90 年代初《学生教育评价中的教师能力标准》的颁布(AFT, NCME, & NEA, 1990)。该标准不仅是对教师测评素养定义的首次尝试，同时催生了对测评素养的后续研究(Plake, Impara, & Fager, 1993；Brindley, 2001；Davies, 2008；Inbar-Lourie, 2008；Malone, 2008；Taylor, 2009；Fulcher, 2012；Inbar-Lourie, 2017；Kremmel, 2018；Brunfaut & Harding, 2018)，主要围绕内涵界定、构念建立、需求分析、利益相关群体界定四个维度展开，研究方法包括定量、定性和混合法三种类型，核心围绕如何平衡标准化测试和课堂形成性测评、什么群体应该掌握教师测评素养、不同的利益相关群体分别应该达到何种教师测评素养水平、教师测评素养内涵应如何界定四个问题展开。然而,由于我国外语教师语言测评素养的研究尚处萌芽期,出现了研究范式驳杂而不集中,尚未形成独立的概念框架等问题。鉴于此,本章运用可视化文献分析软件 CiteSpace 5.3. R8(64 - bit)对国外教师测评素养研究展开知识图谱分析,总结和反思研究的特点和不足,这将会对国内未来教师核心素养的发展和外语教师语言测评素养研究提供一定借鉴。

第二节　基于文献计量学的测评素养研究设计

一、研究问题

本研究旨在回答以下三个问题:①国外教师测评素养研究现状如何? ②国外教师测评素养研究热点有哪些? ③对我国外语教师语言测评素养和教师核心素养的研究有何启示?

二、研究工具

本研究借助 Excel 和 CiteSpace 5.3. R8(64 - bit)(2018 年 12 月 30 日更新版)对所得数据进行统计分析。CiteSpace 5.3. R8(64 - bit)由美国德雷塞尔大学(Drexel University)陈超美博士开发,是应用 Java 语言开发的一款信息可视化软件,主要基于共引分析理论和寻径网络算法等对特定领域文献集合进行计量,以探寻出科学领域演化的关键路径及其知识拐点(陈悦、陈超美,2015),通过年度发文量、学科相关性、高被引期刊、关键词共现网络、高被引文献等分析文献期刊和作者之间的共被引关系(Chen,2006),以可视化图谱绘制来形成对学科演化潜在动力机制的分析和学科发展前沿探测的文献计量分析软件。

三、数据来源

为梳理教师测评素养在语言测试领域的发展现状,研究者以 Web of

Science 核心合集为数据的主要来源,引文检索设置为社会科学引文索引(Social Sciences Citation Index,SSCI)和艺术与人文引文索引(Arts & Humanities Citation Index,A&HCI),以"教师测评素养"(assessment literacy)为主题词对 2005—2018 年间期刊论文进行文献检索,得到 3 842 个检索结果。为确保数据 的查准率,从 182 种 Web of Science 类别和 2 972 种来源出版物中,人工剔除与 语言测评相关度较低或不相关的来源,将类别精炼为 Education Educational Research、Language Linguistics、Linguistics、Psychology Educational 4 个相关 度较高的文献类别,分别以教师教育、学生学习、教师测评、教学、素养等为关 键词选取相关度较高的"教师测评素养"23 种来源出版物。文献类型仅选取 论文(Article),通过 CiteSpace 5.3.R8(64 - bit)去重过滤,得到 330 个检索 结果。

四、研究工具设置

本研究借助 CiteSpace 5.3.R8(64 - bit),选择导入数据年代(Time Slicing)为 2005—2018,数据切分年代(Years Per Slice)为 1。聚类词来源包括 题目(Title)、摘要(Abstract)、作者关键词(Author Keywords)、更多关键词 (Keywords Plus)。聚类词性选择名词短语(Noun Phrases),并选择使用 CiteSpace 自动生成 POS 标签。聚类点类型选择共被引分析(Cited Reference) 和主题词(Term)。参数值设定为 Top N=50,Top N%=10%,即提取每年被 引频次排名前 50 的论文,保留频次最高的 10%作为节点。阈值(c, cc, ccv) 设定为系统默认(2、2、20)、(4、3、20)、(4、3、20),表示在形成的关键词贡献网 络中关键词出现 2 次以上,默认值为 0.2。为降低网络的密度,提高网络的可 读性,网络剪裁选择最小生成树(Minimum Spanning Tree,MST)和合并网 络(Pruning Sliced Network),即通过原始图来构造一个包含所有顶点、权值 之和最小的生成树。可视图(Visualization)显示形式选择聚类视图(Cluster View)和合并后网络(Merged Network),并在生成可视化知识图谱后对节 点大小(Node Size)、字体大小(Font Size)、图谱大小(Atlas Size)等作出相应 调整。

第三节　计量结果和数据分析

一、教师测评素养研究脉络

以 Education Educational Research、Language Linguistics、Linguistics、Psychology Educational 为检索类别，对教师测评素养进行检索，以教师教育、学生学习、语言教学、测评、素养、教师能力等为关键词选取相关度较高的来源出版物，检索结果为 23 个出版物，对教师测评素养的研究发表量如图 2 - 1 所示：

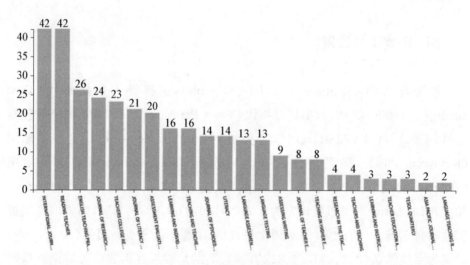

图 2 - 1　教师测评素养研究期刊载体分布

通过图 2 - 1 可以发现，教师测评素养较强相关期刊发表量从高到低的分布情况，其中包括教师发展相关度较高的 *International Journal of Science Education*（42）、*Reading Teacher*（42）、*English Teaching Practice and Critique*（26）、*Journal of Research in Science Teaching*（24）、*Teachers College Record*（23）、*Journal of Literacy Research*（21）、*Teaching and Teacher Education*（16），与语言测试、测评、评估相关度较高的 *Assessment Evaluation in Higher Education*（20）、*Journal of Psychoeducational Assessment*（14）、*Language Assessment Quarterly*（13）、*Language Testing*（13）、*Assessing Writing*（9）发表

量较为集中,而与教学相度较高的期刊如 *TESOL Quarterly*(3)、*Teacher and Teaching*(4)、*Language Teaching Research*(2)等发表量较低。可以看出,教师测评素养的研究得到了教师发展和语言测试领域的高度关注,相较而言,该话题在教学领域受到的关注较低。由此可以发现,教师测评素养的研究在理论上逐渐受到业界的关注,但对测评素养课堂实践的关注较少。通过对 2005—2018 年间教师测评素养研究的发文量和引文量进行统计,结果如图 2-2所示:

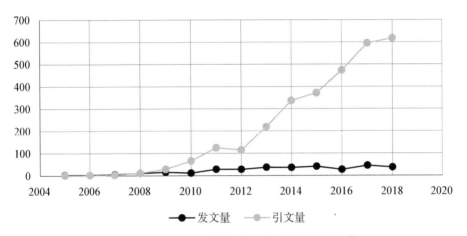

图 2-2 教师测评素养研究历年发文量和引文量

从图 2-2 发文量和引文量发展趋势可知,教师测评素养研究初步发展于2008 年,突发于 2011 年,其中 2012 年是一个被引拐点,即 2010—2018 年间是教师测评素养研究被引逐年递增,该话题日渐受到关注的核心阶段。追溯教师测评素养发展历史,不难看出,2008 年"第五届欧洲语言测试协会年会"专题讨论、欧盟 2010 年《格拉茨语言教育宣言》的颁布(彭康洲,2014)、2011年第 33 届语言测试研讨会(Taylor,2013)直接影响着教师测评素养的研究走向。

从各国发文量统计(见图 2-3)可以看出,教师测评素养研究处于前五位的国家分别是美国(USA)(176)、澳大利亚(Australia)(37)、加拿大(Canada)(23)、英国(England)(22)、中国(China)(15)。我国以发文量 15 篇处于第五位,占总发表量的 4.54%。

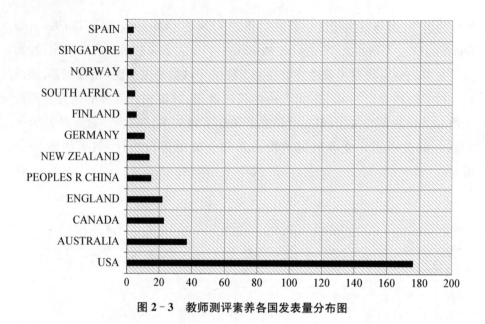

图 2-3　教师测评素养各国发表量分布图

二、教师测评素养研究发展趋势分析

对教师测评素养 330 个检索结果进行科学图谱分析（阈值设定同上），呈现检索结果 330，被引关系 13 566，有效被引文献为 13 466，占 99.314 1%。合并网络由 308 个节点，322 条连线组成。教师测评素养研究可视化图谱显示连接保留因子（Linking Retaining Factor，LRF）＝2，表示保留最强的 2 倍于网络大小的 link，剔除剩余连接。回顾年（Look Back Year，LBY）＝8，调节 link 在时间上的跨度不大于 8 年。e＝2.0 表明对节点最低频次的设置为 2。在共被引网络中，Network 中 N（网络节点数量）＝308，E（连线数量）＝322（网络密度 density ＝0.006 8），表明其网络密度较好。形成的最大子网络成员 Largest CC 有 276 个节点，占 308 节点的 89%。可视化网络默认有 5% 的节点显示了标签。网络剪裁采用最小生成树（Minimum Spanning Tree，MST）。模块化（Modularity）＝0.823 7＞0.3，说明得到的网络社团结构较为显著。Mean Silhouette＝0.609 4＞0.5，说明聚类结果较为合理（Chen，2017），表明结果有参考价值。可视化分析后，对节点大小（Node Size）设置为 170，字体大小（Font Size）设置为 14，阈值（Threshold Value）设置为 2，即排除频率小于 2 的被引作者，并对图谱大小进行相应调整，如图 2-4 所示：

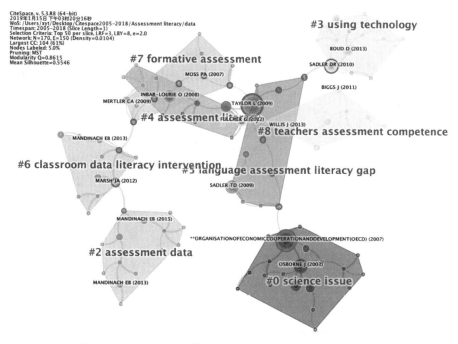

图 2-4　教师测评素养研究文献共被引网络聚类知识图谱

通过聚类显示 2005—2018 年间教师测评素养研究主题围绕科学素养、测评数据使用素养、教师技术使用素养、测评素养、语言教师测评素养差异、测评能力、课堂数据使用干预素养及形成性测评素养等主题展开讨论。通过查询以上8 个主题聚类结果,每个主题的 Size 值均在 10 以上,聚类中显示 Cluster ID 分布从 0—8,聚类编号越大,表明聚类包含的成员数量越大。因此,在 8 个主题中,测评素养为(♯4)、语言教师测评素养差异研究为(♯5)、课堂数据使用干预素养为(♯6)、形成性评价素养为(♯7)、教师测评能力为(♯8)是聚类规模较大的主题。Silhouette 值都高于 0.779,最高值达 0.989,该值为衡量这个聚类成员同质性的指标,该数值越大,则代表该聚类成员的相似性越高(Chen,2017),如表 2-1 所示:

表 2-1　教师测评素养各研究主题聚类情况

Cluster ID	Size	Silhouette	Mean(Year)	Main Top Terms(LLR)
8	10	0.878	2013	教师教育;测评素养;学习策略测评;任务测评;课程本位测量

（续表）

Cluster ID	Size	Silhouette	Mean(Year)	Main Top Terms(LLR)
7	11	0.779	2009	素养；心理测量；标准化测评；早期儿童培养；项目反映理论；发展性框架；实践
6	11	0.953	2011	数据素养；职前教师；教师教育；教育测量；课堂测评
5	12	0.869	2008	测评素养；水平考试；考试分数使用者；大学招生；科学素养；家庭语言
4	12	0.899	2009	测评素养；测评素养；水平考试；考试分数使用者；大学招生；真实知识水平
3	14	0.982	2012	测评；反馈；学习共同体；民主行为；师生伙伴关系
2	14	0.955	2011	问责制；信任关系；测评；认证；资格证；教育政策
0	20	0.989	2006	科学素养；大规模调查；科学；国际对比

通过表 2-1 可以发现，选取可靠性最高的 LLR(Log-Likelihood Ratio)算法，聚类成员的相似性越高的四个主题中，教师测评能力（♯8）核心主题词主要围绕教师教育、测评素养、学习策略测评、任务测评以及课程本位测量；形成性测评素养（♯7）核心主题词围绕素养、心理测量、标准化测评、早期儿童培养、项目反映理论、发展性框架、实践等；课堂数据使用干预素养（♯6）研究主题以数据素养、职前教师、教师教育、教育测量以及课堂测评等为核心主题词；语言教师测评素养差异研究（♯5）围绕测评素养、水平考试、考试分数使用者、大学招生、科学素养以及家庭语言教育等核心主题词展开讨论。不难看出，教师测评素养自始至终贯穿各个研究主题中，同时说明教师测评素养的重要性不仅体现在教师自身的发展中，也体现在学生学习的成败中，是教师发挥以评促教和以评促学的重要前提。

除被引频次外，中心度也是衡量文献价值的重要参考依据，是测度节点在网络中的重要指标(陈超美，2016)，其反映相关文献在图谱结构中的位置和优势的差异。根据聚类结果显示，中心度排名前 7 位作者分别为 Taylor, L.；Inbar-Lourie, O.；Sadler, D. R.；Osborne, J.；Boud, D.；Fulcher, G. 和 Davies, A.，其中 Boud, D. 和 Fulcher, G. 取值低于 0.1(见表 2-2)。

表 2 - 2　教师测评素养高被引文献信息

序号	中心度	频次	第一作者	年份	文献名称	出版来源
1	0.46	9(49)	Taylor, L.	2009	Developing assessment literacy	*Annual Review of Applied Linguistics*
2	0.1	6(65)	Inbar-Lourie, O.	2008	Constructing a language assessment knowledge base: A focus on language assessment courses	*Language Testing*
3	0.22	6(271)	Sadler, D.R.	2010	Beyond feedback: developing student capability in complex appraisal	*Assessment & Evaluation in Higher Education*
4	0.12	6(214)	Osborne, J.	2003	Individual and Sociocultural Views of Learning in Science Education	*International Journal of Science Education*
5	0.05	5(161)	Boud, D.	2013	Rethinking models of feedback for learning: The challenge of design	*Assessment & Evaluation in Higher Education*
6	0.08	5(65)	Fulcher, G.	2012	Assessment literacy for the language classroom	*Language Assessment Quarterly*
7	0.16	4(43)	Davies, A.	2008	Textbook Trends in Teaching Language Testing	*Language Testing*

三、教师测评素养主题时序分析

为进一步了解被引文献的时间分布及研究热点的变化轨迹,作者对教师测评素养进行时间线图谱分析。为更加清晰地对节点进行解读,将节点大小(Node Size)设置为最大,字体大小(Font Size)设置为最小,最终得到图 2 - 5 图谱。

结合表 2 - 2 和图 2 - 5,查看教师测评素养时间图,发现该主题的研究早于

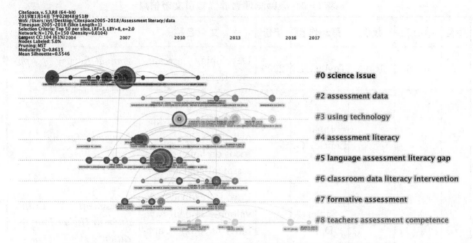

图 2 - 5   2005—2018 年间国外教师测评素养研究时间线图谱

2004 年,2007—2013 年间较为集中。结合时序图,进行文本挖掘,戴维斯 (Davies,2008)对从拉多(Lado,1961)到富尔切尔(Fulcher,2007)语言测试教材发展的五十年进行了历时分析,从教材概念、框架到教材内容,发现概念的变化,从以技能(Skill)为导向发展到后来以技能+知识+原则(Skill+Knowledge +Principle)为导向的语言测试框架。通过梳理,戴维斯(Davies,2008)认为试题编写及成绩统计技能、语言能力构念和测量知识、考试公平性及其影响和伦理原则等,涵盖知识、技能和原则三大核心内涵的测评素养,是职前和职中教师培训的核心要素。该框架的建立同时也为测评素养的进一步发展奠定了坚实的构念基础。社会建构论认为,课堂测评具有促进学生学习的功能。这也是近年来教师测评素养对大规模考试的关注向课堂测评转移的导火索。因巴尔-劳瑞 (Inbar-Lourie,2008)结合语言测评课程知识框架对教师测评素养进行分析,将其比作知识库(knowledge base),并提出了测评素养需要回答"为什么测""测什么?"和"如何测?"三个问题的构念框架。同年,"第五届欧洲语言测试协会年会"专题探讨了欧洲及其他国家外语教师外语评价素养的研究和发展。因此,2008年是继 1990 年教师测评能力(Teachers' Assessment Competencies)(AFT, NCME,& NEA,1990)提出后理论上的一次新突破。富尔切尔(Fulcher, 2012)利用在线网络平台开展对课堂语言教师测评素养需求的调查,该研究不仅为新教学材料和在线测评资源的开发提供了参考,同时揭示了可能影响早期研究的方法论问题,并提出了解决方案。他的研究将知识、技能、过程、原则和观念放置在历史、社会、政治和哲学框架中，丰富了测评素养知识库。他指出，教师测评素养的研究尚处萌芽期，未来的研究可将原则和实践置于更宽泛的历史和社会环境中探讨，更好地寻找大规模考试和课堂测评间的平衡点。

第33届国际语言测试协会年会首场主题就是"语言测试知识体系研究：如何让用户理解语言测试理论"，这是一场专门针对语言测评素养的专题研讨（金艳，2011）；2013年，《语言测试》（*Language Testing*）期刊组织了由因巴尔-劳瑞教授担任客座主编的专刊，深入探讨了不同环境下的语言测评素养问题。2008年，"第五届欧洲语言测试协会年会"专题讨论了欧洲及其他国家外语教师外语测评素养的现状和未来。欧盟2010年颁布了《格拉茨语言教育宣言》，明确提出深化外语教育中外语教师外语素养发展的目标（彭康洲，2014；林敦来，2014）。2017年7月，以"跨越不同利益相关群体的语言测评素养"为主题的第39届语言测试研讨会，将语言测评素养提升到"跨越"和"利益相关群体"上来，是语言测试领域关于语言测评素养讨论的延续和推进（范劲松，2017）。2017年12月，在语言测试与评价国际研讨会暨英语语言测试"新方向"研讨会、标准与测评2018年语言测试国际研讨会以及蜂拥而至的各种教师研修班上，外语教师测试与评价素养都是其中的主要议题，这些不仅为该话题的后续研究和发展奠定坚实的基础，同时也体现了语言教师测评素养研究的需求和必要性。整个趋势符合图2-5的发展时序图，也与图2-4被引网络聚类知识图谱保持一致。

四、教师测评素养主题引文查看

测评素养科学图谱可视化分析结果，呈现出研究视角新颖、研究方法和维度多样化的特点。对各主题进行各聚类施引文献信息查询，发现各主题间的研究存在相关性，其中部分主题在主题关键词的交融和研究者的重合上存在显著相关性，以测评数据和课堂数据素养干预、测评素养和语言测评素养差异研究、技术使用素养和教师测评能力在引文和关键词上的重合为代表，下文的研究透视将合并部分显著相关的主题进行引文信息探讨。

（一）科学素养研究

测评素养本身涵盖面较广，包括了各类学科教师的测评素养和学生的测评素养。在可视化图谱中，研究者以国际学生评价项目测评（Programs for

International Student Assessment，PISA)为背景，分别从文化视角对学生科学兴趣的结构(Ainley，M. & Ainley，J.，2011)、PISA 测评框架与在职教师的科学素养认知对比(Pinto & El Boudamoussi，2009)、教育环境对学生科学素养培养的影响(Basl，2011)、科学素养概念重构(Choi *et al*.，2011)、PISA 科学情景化教育的启示(Fensham，2009；Lavonen，2009)、学生学习兴趣和态度与科学素养之间的关系(Bybee & Mccrae，2011)、科学素养测评探究及兴趣量表开发(Bybee，2009；Drechsel，Carstensen，& Prenzel，2011)以及性别与科学主题和科技职业选择之间的关系(Buccheri，2011)等维度探讨科学素养。其中，奥尔森(Olsen，2011)和德雷克塞尔(Drechsel，Carstensen，& Prenzel，2011)结合 2006 年 PISA 学生科学兴趣的测评数据介绍了差异性科学兴趣相对概况，为各国提供了参考。平托(Pinto & El Boudamoussi，2009)对在职中学科学教师进行调查，发现教师对科学素养的认知和框架能力要求与被考核的能力要求并不完全对等，而他们更倾向于 PISA 考试类别、科目特点及学生需求。拜比(Bybee，2009)借助非情境化学生问卷和情境化提问对学生科学素养进行调查，结果表明学生对科学的态度和兴趣与科学素养的高低有直接关系。

不难发现，科学素养自 20 世纪 50 年代提出至今，已经历时半个多世纪，其结构和内涵都发展得较为全面(冯翠典，2013)，为教师测评素养的发展提供了另一种可能，同时，正因为科学素养的成熟发展，教师测评素养进入大众视线时较易引起混淆。

(二) 测评数据和课堂数据素养干预

根据可视化结果显示，"测评数据"和"课堂数据素养干预"两个主题在关键词和作者引文上存在共性，主要围绕科学素养、学生兴趣培养、兴趣活动、PISA 兴趣量表及科学测评等关键词展开。研究者分别从课堂、学校到学区等不同环境对不同学生素养成就的影响(Wilcox & Jeffery，2015)、教育类院校对师范生测评素养的课程设置(Mandinach，2015)、课堂教师测评素养框架的构建(Gummer & Mandinach，2015)、教师教育者测评数据思维习惯和使用习惯的培养(Bocala & Boudet，2015)、教师测评数据的促教使用研究(Datnow & Hubbard，2014)等不同视角探讨教师测评数据使用素养和不同群体学生素养成就的问题。其中，曼迪纳赫(Mandinach，2015)对教育类院校测评素养课程设置展开调查，结果显示绝大多数教育类学校提供的数据处理课程与实践相对脱节,并指出教育机构的决策对教师测评素养的培养和形成至关重要。古墨(Gummer & Mandinach,2015)从实证出发,构建了包括教学数据使用、内容知识和教学内容知识构成的课堂教师测评数据构念框架。博卡拉和布代(Bocala & Boudet,2015)通过测评共同体、有目的合作、证据关注等方式培养教师教育者的测评数据思维习惯和使用习惯。达特诺和哈巴德(Datnow & Hubbard,2014)对测评数据种类、数据分析以及数据使用三个维度进行综述,结果发现,在问责制的影响下,基准测评(Benchmark Assessment)是目前教师测评数据使用最常用的促教方式。

(三) 测评素养和语言测评素养差异研究

对"测评素养"和"语言测评素养差异"两个主题施以文本挖掘,分别得到 10 个和 17 个施引文献,其中奥洛林(O'Loughlin,2013)、郑(Jeong,2013)、皮尔和哈丁(Pill & Harding,2013)、马隆(Malone,2013)、泰勒(Taylor,2013)等跨越两个主题的代表性研究,共同出现在两个主题的引文中。奥洛林(O'Loughlin,2013)对 12 名在读研究生语言测评课程学习特点进行分析,证明现有经验和测评课程的质量都会影响学生接受测评知识的能力和意愿。郑(Jeong,2013)从语言测试的角度调查了语言测试教师对语言测评素养课程形成的影响并对此作了深度探讨,指出测评素养应包括考试细目表的制作、考试理论、统计学基础知识、课堂评估、量表研制以及考试实施六个维度,强调了不同利益相关群体对测评素养统一认知的重要性。马隆(Malone,2013)分别对 44 名语言测评专业人士和 30 名语言测评课程教师对语言测评素养教材的看法做了调查,结果显示专业人员关注内容的准确程度,而普通教师更关注使用的便捷性。皮尔和哈丁(Pill & Harding,2013)借助拜比(Bybee)的科学素养研究框架建立语言测评素养连续体,将语言测评素养分为素养完全缺乏、语词性素养、功能性素养、程序性和概念性素养、多维素养五个不同层级。以上四篇文章都被收录 2013 年《语言测试》(*Language Testing*)专刊。泰勒(Taylor,2013)在其研究中指出,不同的利益相关群体都应具备一定的测评素养知识,而课堂教师在懂得如何选择、实施、解读及分享大规模考试成绩的同时,还需懂得如何设计、评分、解释及改进课堂测评。他提出语言测评素养的研究除了要为现有的政策和实践提供信息和支持外,更应为语言评估的核心知识和专业知识传播提供可能。该部分内容对教师测评素养的后期研究提供了新视角,同时契合教师测评素养区域化、情境化的转变(Inbar-Lourie 2016),打破了先前教师测评素养研究统一概化的思想。

克鲁桑(Crusan,Plakans,& Gebril,2016)、许和布朗(Xu & Brown,2016)、高(Koh,2018)、温克等(Winke *et al.*,2017)、斯卡里诺(Scarino,2013)等的研究也对测评素养产生了重大影响。克鲁桑(Crusan,Plakans,& Gebril,2016)围绕二语写作教师测评知识的获取途径、测评态度、测评实践、语言背景、教学经验等因素对写作测评知识、测评信念和测评实践的影响,借用54个Likert量表和开放性问题对702名被测试者进行调查,结果表明教师的语言背景和教学经验与教师的测评素养存在正相关。许和布朗(Xu & Brown,2016)综述了100个教师测评素养研究成果,试图从教师发展和教育测量两个不同维度重构教师测评实践素养(TALiP)构念框架,包括框架的构建、工作定义的拟定以及对测评教育政策和实践的启示。高(Koh,2018)基于真实测评的专业发展项目,对中文教师的测评任务开发和设计能力进行为期两年的历时研究。测评任务的质量分析结果显示教师们对任务设计要领和标准的领悟和设计实践并不一致,为测评任务设计的情景化和学科化提供了参考。温克等(Winke *et al.*,2017)借用CaMLA提供的Bronze和Silver考试对儿童英语语言测试的认知效度进行调查,结果证明儿童答错部分问题是因为与年龄相关的认知局限和儿童本身的测评素养缺乏导致的,跟英语本身没有关系。两个主题研究的交融,体现了测评素养话题和教师测评素养话题的紧密联系,同时也体现了教师测评素养是测评素养研究的主体之一。

(四) 技术使用素养和教师测评能力

在技术使用素养主题探讨中,分别以科学素养、大规模学习素养、科学兴趣、各国素养水平对比、学习动机、多层面量表构建、学习态度、教育政策、科学素养测评、科学活动、结构方程建模、全球科学素养研究、考试设计与开发等为关键词展开讨论,而教师测评能力主题以科学素养、学生兴趣、兴趣话题和PISA兴趣量表、科学测评为主要关键词,两个主题存在共性的同时,也存在差异。对两个主题进行施引文献挖掘,分别得到12个和9个施引文献,其中卡利斯(Carless,2018)、迪利(Deeley,2017、2018)、丹顿(Denton,2018)、施特劳斯(Strauss,2017)、许(Xu,2017)、李(Li,2018)、法孚(Fives,2017)、贝尔(Bell,2013)、金(Jin,2017)、史密斯(Smith,2013)、劳罗(Lauro,2017)、赫皮奇(Herppich,2018)、迪利(Deeley,2018)、库姆斯(Coombs,2018)、格洛格-弗雷(Gloger-

Frey，2018)、弗尔斯特(Förster，2018)、李(Li，2018)、贝克(Baker，2018)、连布克(Lembke，2018)、阿奇拉(Archila，2018)为代表的研究，分别从教师测评素养能力的概念界定、技术素养促学作用、教师数据使用素养、师范生的测评策略以及课堂测评新视角的不同维度对教师测评素养话题展开讨论。

其中迪利(Deeley，2017/2018)分别从利用技术促进对高等教育学习和反馈的有效评估视角、通过民主实践活动提高师生合作评估等展开探讨。赫皮奇(Herppich，2018)以教育能力概念为基础，将知识、过程和产出整合成以能力为导向的教师测评素养概念模型，将教师测评能力定义为可学习的特定情境认知倾向的能力库(competence base)。赫皮奇指出，该模型旨在启发未来对不同情境下教师评价的描述、解释、预测、促进等方面的综合研究。库姆斯(Coombs，2018)通过检验教师不同阶段的测评方法(目的、过程、公平性、测量理论等)，指出职业阶段对教师测评多维度方法有微妙的影响，为教师在职业阶段内和职业阶段间的测评方法差异提供实证支持。格洛格-弗雷(Gloger-Frey，2018)分析了师范生因学习策略先验知识不足和背景的不同而导致激活自身原有知识库的不同能力，揭示了先验知识及其结构化因素与学生学习策略评估的相关性。同时，弗尔斯特(Förster，2018)基于测评的差异化阅读教学对学生阅读流利度和阅读理解的短期和长期影响的研究，指出学习成长取决于学生自身对教学的适应程度。贝克(Baker，2018)通过合作方式检验了海地教师和语言测评专家的语言测评素养发展情况，结果表明教师和专家的专业知识互补，即存在差异。连布克(Lembke，2018)借助集教学工具、学习和合作支持为一体的数据教学，研究详细描述了该系统的理论框架及其合作教师群体特征、测评方法及发展过程等。阿奇拉(Archila，2018)将形成性评价、双语和论证相结合，论述了形成性评价教学策略在大学双语科学课程论证中的促学作用。卡利斯(Carless，2018)探讨了学生反馈素养的培养和发展。丹顿(Denton，2018)从测评素养对总结性任务成绩的影响讨论了学生对语句库反馈的反应。施特劳斯(Strauss，2017)从以评促学的视角探讨了研究生职业教学学术写作兴趣的培养。许(Xu，2017)和李(Li，2018)通过访谈和文献数据分析探讨了教师对学生书面作业的教学实践支持。法孚(Fives，2017)对53名初级测评实践者总结性测评考试任务的选择进行描述性分析，通过递归主题分析将其测评策略分为一致性、项目测评和情感评估三类，描述了策略的性质和参与者使用策略的程度，为教师测评教育提供参考依据。贝尔(Bell，2013)通过对119名学生对评分指南、等级描述语和评分样本的有效性进行态度和看法的分析,验证了评分指南、等级描述语和评分注释案例对学生学习的影响及其促进作用。金(Jin,2017)基于计算机高风险考试中的写作测评(以大学英语考试为例)视角探讨了学生的计算机技术素养,指出高水平的计算机熟悉度对考生的表现有促进作用。作者认为 21 世纪的测试,基于计算机的语言测试构念需借鉴 Chalhoub Deville 的局部语境构念。史密斯(Smith,2013)通过伪试验设计将学生测评素养水平影响因素进行量化,构建出对学生测评素养产生影响的干预因素和学生在测评任务中的表现情况。回归分析表明,提高学生分数的最大预测因素体现在培养学生解读类似任务标准的能力上。通过各项研究分析,可以看出技术使用素养和教师测评能力研究以交集方式存在,既有共融点也有各自不同的空间,技术使用素养的研究在一定程度上为教师测评能力的研究提供新的视角。

(五) 形成性测评研究

对形成性测评施以文本挖掘,得到 9 个施引文献,分别是达特诺(Datnow,2015)、里维斯(Reeves,2015)、豪格(Haug,2015)、程(Cheng,2015)、安克·汉森(Anker-Hansen,2015)、蒋(Jang,2015)、罗威(Rowe,2015)、拉姆(Lam,2015)、詹(Chan,2015),且主要集中于 2015 年间。里维斯(Reeves,2015)为职前教师提供课堂数据使用素养干预。豪格(Haug,2015)应用形成性测评框架探索教师在科学概念教学中对学生思想和想法的敏感度。为此,豪格创建了4 个促进概念理解的步骤,包括确定学习目标、激发学生信息、解释学生信息和行动,通过对 6 名小学教师科学概念教学(做、读、写和说)进行采访、录音,分析和观察他们对课程要求的实施情况。研究结果表明,教师教学的促学能力和教师的学科教学水平存在正相关。程(Cheng,2015)利用凯恩(Kane,2006)的基于论证的效度验证框架,通过综合性大规模考试证据和混合解释性研究法诠释了安大略省中学读写测试(OSSLT)对二语学生的影响,结果表明该考试结果的解释对英语作为一语的学生和英语作为二语的学生有所不同。其中,对二语学习者需更加谨慎地考虑。安克·汉森(Anker-Hansen,2015)借用某社会政治话题的辩论,以学生参与条件和辩论目的为研究重点,评估学生在课堂实践中的科学素养,通过实践共同体(Communities of Practice)理论框架测评学生在课堂实践中的科学素养水平,结果显示社会政治辩论作为测评任务的可供性和制约性因素。

第四节　对我国外语教师测评素养发展的启示

一、教师测评素养研究的不足

通过对测评素养数据分析和可视化知识图谱绘制,为教师测评素养的研究呈现了一个立体、多维、直观的研究现状和特征,在厘清测评素养未来研究趋势的同时,为我国测评素养的研究提供参考。根据可视化呈现的八个研究主题,不难看出,测评素养的研究贯穿于教师发展、教学法、课程设置、语言测评等不同领域,结合科学知识素养、技术使用素养、课堂测评素养、大规模考试知识素养等不同视角,紧扣课程设置、学情分析、量表构建、利益群体界定、框架搭建等不同维度,综述性、定性、定量和混合性研究等不同方法得以发展,而教师测评素养的研究始终贯穿其中。借力于科学素养的研究,教师测评素养的发展在教师发展和语言测试的合力下,取得了一定的进展。就其术语使用的变化,历经合格教师构成要素(Constitute)、教师能力标准(Qualification)、教师能力(Competence)、测评素养(Assessment Literacy)到语言测评素养(Language Assessment Literacy)的发展历程,从能力(Competence)到素养(Literacy)的变化,从语言测评(Language Assessment)到语言测评素养(Language Assessment Literacy)的演变,这不仅是词义的变化,更是概念的提升和升华(Inbar-Lourie,2008),如图 2-6 所示:

图 2-6　外语教师测评素养发展脉络

然而,就其研究现状仍然存在内涵构建尚未统一、利益相关群体界定不清等问题,业界研究者从不同维度对该话题献计献策。对此,因巴尔-劳瑞(Inbar-Lourie,2016)提出三个"是否":①侧重语言领域的测评素养,即是否存在相关语言情境下满足评价和考试功能的,且集理论、实践和经验于一体的知识库;②涉及语言测试专业人员是否应该作为专业"把门人",对测评素养进行考核,亦或对利益相关群体传授测评素养知识;③是否应该建立适用于利益相关教师测评素养的层级框架,利益相关群体根据该框架对自己的测评知识进行核查。除此之外,金(Jin,2017)指出,21 世纪的测试,基于计算机的语言测试构念需借鉴米什莱恩·查尔胡布-德维尔(Micheline Chalhoub-Deville)教授的局部语境构念,分析计算机化语言测试中计算机能力与测试构念的关系及其对效度的影响,对新时代教师测评素养的研究提出了新的挑战。

二、对我国外语教师测评素养发展的启示

教师测评素养本身具备多维性和多元性,因此发展和培养测评素养只有通过长期发展的规划和实施予以实现(Inbar-Lourie,2008),才可能达到我们的教育预期,可视化分析结果对我国未来外语教师测评素养研究和发展的启示有以下七点:

第一,目前国内教师测评素养研究术语使用不尽规范,出现教师考试素养、教师测试素养、教师测试素质及教师测评素养等不同表述。为保证语言测试持续、专业的发展,目前业界亟需有关语言测试的专业词典,以规范和统一相关概念和术语的使用。

第二,结合课堂测评和标准化测评,构建外语教师测评素养发展连续体,通过自评量表的教学使用实现以评促学和以评促教的目的(Griffin,2017)。

第三,结合国情构建适合我国外语教师群体的教师能力标准,详细拟定教师测评能力及其不同利益相关群体的测评素养规范。

第四,外语教师测评素养的研究需结合教师专业发展、语言测试、语言学、社会学、教学法等不同领域进行研究。

第五,对于教材或参考书籍的编撰者而言,需基于扎根理论与认识论,结合教育学、语言学、应用语言学等不同学科方向,形成教师测评素养核心框架,对教材和参考书籍进行编撰等(教师素养以学生素养为导向)。

第六,教师测评素养应作为与教师资格证和教师资格相关的考核要素,结合自上而下、自下而上的方式全面提高对测评素养的重视。

第七,外语教师测评素养的研究在借鉴国外教师测评素养时,需区分英语作为第一语性和第二语性,即外语教师测评素养在我国的语言"中介性",以体现我国外语教师测评素养的群体化(民族化)特征。换句话说,外语教师测评素养的研究可根据我国国情需求拟定和构建框架,如《普通高等学校本科专业类教学质量国家标准》《普通高中英语课程标准》以及《义务教育英语课程标准》中的评价意见构建了适合不同群体的构念框架,以实现教师测评素养的"地缘学说"论。

第三章　语言测评素养：语言测试专家的视角

传统意义上,语言测评素养是指教师对语言测试与评价理论、技术以及所涉及伦理问题的熟悉程度(Fulcher,2012;Inbar-Lourie,2008;Taylor,2009)。然而,随着语言测试研究的深入,语言测评素养的构念也进入到新的发展阶段,沿用原有的语言测评素养构念无法适应如今教师发展的需要。本章是建立在第一章基础上的一项实证研究。通过深度访谈我国语言测试领域的 10 名专家学者,本研究提取出语言测评素养构念发展的新动态和新外延,梳理出我国培养语言测评素养过程中的薄弱环节,并提出语言测评素养构念的修正模型。

第一节　语言测评素养文献再探

早在 1990 年,美国教师联合会就制定了《学生教育评价中的教师能力标准》,并于 1991 年在全美范围内调查各学科教师的测评素养。在外语教育领域,对于教师测评理论和测评技术的培养起初并非是学者关注的重点,学者们仅调查外语测试课程教学及其反映的外语测试理念。直到 2004 年,欧盟启动欧洲外语教师现有外语测试知识和培训需求的调查活动,并于 2008 年第五届欧洲语言测试协会年会上专题讨论欧洲及其他国家外语教师外语测评素养的现状和未来,才逐步开始关注外语教师的测评素养问题。欧盟于 2010 年颁布《格拉茨语言教育宣言》,明确提出深化外语教师测评素养发展的目标。2017 年的国际语言测试协会年会以语言测评素养为大会主题,专门研讨了相关研究的发展和路径。

语言测评素养的研究与外语教师的发展密不可分。从研究内容的角度来看,有关的研究主要围绕四个方面的问题展开。限于篇幅长短,本节仅对有关研究加以概括,具体内容详见第一章的相关介绍。

第一,语言测评素养的构念是什么? 这一个方面的研究主要涉及外语教师应具备怎样的语言测评素养。比如,戴维斯(Davies,2008)通过调查大量的英语测试著作,提出由"知识""技能"和"原理"组成的语言测试理论体系。其中"知识"指的是外语学习、语言测试等方面的内容;"技能"是指试题命制与编写、试卷分析统计等方面的内容;"原理"是指外语考试的使用等方面的内容。此外,布林德里(Brindley,2001)和因巴尔-劳瑞(Inbar-Lourie,2008)对语言教师测评素养构念的研究包含"评估什么"(如效度、信度、语言能力)、"如何评估"(如试题设计与分析、课堂评估)以及"为何如此评估"(如评估的社会属性、测试使用)三个方面。又如,斯蒂金斯(Stiggins,1995/1999/2001)将研究进一步细化,将评估目的与期望的设定、评估手段的选择、评分标准与采样、成绩的有效沟通等也纳入到测评素养的构念之中。就不同的地域而言,哈塞尔格林(Hasselgreen,2004)、胡赫塔(Huhta,2005)、盖琳(Guerin,2010)、查盖里(Tsagari,2011)等还开展区域性(如欧洲)或国别性(如意大利、希腊)外语教师语言测评素养的需求调查,内容涉及课堂测试与评价、测试用途、测试内容等诸多方面。研究者们(如 Brindley,2001;Inbar-Lourie,2008;Fulcher,2012;Taylor,2013)还从外语教师、语言考试开发人员以及其他不同的考试利益相关者(stakeholders)提出语言测评素养的组成成分,强调语言测评素养对于不同角色的利益相关者有着不同的内容组成。

第二,语言测评素养与教师发展的关系如何? 对外语教师而言,语言测试课程作为测评素养的载体关系着教师教学和评价能力的高低。因此,测试课程教学调查是外语教师测评素养与教师发展研究的关联点。布朗(Brown,1996)、贝利(Bailey,2008)调查了国际上外语测试课程内容的情况,并对比 1996 到 2006 年间的课程内容,发现外语测试课程对外语测试的影响、标准、伦理等内容的关注度较为欠缺。金(Jin,2010)的调查也指出,我国外语教师测试理论知识和实践能力的培养还有待提高和完善,缺乏语言测评素养会严重影响教师的全面发展。克莱恩萨瑟(Kleinsasser,2005)和奥洛林(O'Loughlin,2006)则分别从外语测试课程任课教师和研究生视角研究测试课程的效果。前者认为教师和学生可以共同构建外语测评素养的学习文化;而后者通过建立在线论坛了解学习者的能力和学习意愿等。马隆(Malone,2008)则论述在培训外语教师测试知识中加强测试课程教学的重要性。

第三,如何培养和提升外语教师的语言测评素养? 不同教育阶段和不同教育目标决定了不同程度的语言测评素养。布林德里(Brindley,2001)认为,根据评价的性质和评价人员的参与程度,不同的人应该掌握不同程度的评价知识,传播测评素养的方式也应有所不同。泰勒(Taylor,2009)提出测评素养的培养目标人群不仅仅限于测试研发者,而应该向更广泛的人群传播。由于不同的利益相关者对评价的参与程度不同,所以语言测评素养的程度也应不同。她提出"核心-周边-外围"的培养和传播模型,不同利益相关者对语言评价的了解程度呈递减状态。皮尔和哈丁(Pill & Harding,2013)提出"素养缺失-极少素养-功能性素养-程序性和概念性素养-多维素养"的语言测评素养连续体。泰勒(Taylor,2009)根据此连续体,勾画出四种不同利益群体在具体维度上应有的熟悉程度。在中国的教育背景下,研究者们也纷纷阐述了我国外语教师语言测评素养面临的现状。比如,林敦来、高淼(2011),林敦来、武尊民(2014),彭康洲(2014),盛慧晓(2014),许悦婷(2013)等均从不同角度指出英语教师语言测评素养的发展总体上滞后于其他方面(如课堂教学)的发展,在基本评估知识、评估操作能力方面有较大提升空间。张和颜(Zhang & Yan,2018)则通过分析英语试卷的某些具体问题来说明英语教师在测评素养方面的薄弱环节。

第四,语言测评素养的标准是什么? 在评测教师语言测评素养的过程中,不少发达国家的教育主管部门均出台了教师的准入标准,而语言测评素养则是其中的重要内容。总体而言,这些标准从评估的目的与过程、评估结果的报告与解释、评估的公平性与伦理、测量原理等诸多方面对外语教师的语言测评素养加以规范化和条理化(详见 DeLuca,LaPointe-McEwan & Luhanga,2016)。在这些标准的基础上,研究者们也开发出一系列的语言测评素养量表或者问卷来综合评判测评素养的程度。比如普莱克和因帕拉(Plake & Impara,1992)的"教师测评素养问卷"(TALQ)即是在美国的《学生教育评价中的教师能力标准》基础上所研发的。普莱克、因帕拉和法杰(Plake,Impara,& Fager,1993)以此为测量工具对美国的外语教师开展了一场测评素养的调查。此外,在课堂评估领域,默特勒和坎贝尔(Mertler & Campbell,2005)开发了"课堂测评素养清单"(CALI),列举了在形成性评价中课堂评估的知识与操作方法,并用此工具测量外语教师的测评素养,验证了这一清单的内在结构和效度。最新的测评素养问卷还包括克雷姆和哈丁(Kremmel & Harding,2016)的研究,给不同的利益相关者提供不同的问卷,测量其测评素养的程度。

　　以上四个方面的研究基本贯穿了语言测评素养的核心问题,但现有的研究仍存在一些不足之处,主要表现在以下三个方面:第一,现有针对语言测评素养的研究基本上从抽象的角度出发去不断拓展其构念的内涵,展示的是一种规范性的(prescribed)概念,因此有些研究框架的理论性较强,但是实际操作性较弱。此外,有些框架过于强调语言测评素养在"技能"层面的内容,在一定程度上忽视了教师对提升自我语言测评素养的接受程度。第二,虽然现有研究已经开始意识到不同利益相关者(如一线教师、职业命题人员、语言政策制定者)在语言测评素养上有程度的不同,但是还未意识到不同语言评估情景对语言测评素养的影响。不同的教育实践环境所建构的测评素养构念也会有差异。比如,英语在中国属于一门外语,那么各个利益相关方的语言测评素养应该有别于英语为二语的国家或地区。此外,构建具有情境特征的语言测评素养构念需要研究者在整合教师现实诉求和研究者的理论愿望的基础上,兼顾教师的价值取向后提出。第三,教师的语言测评素养还不仅仅是教师本身,还需要考虑到学生的因素。比如,教师在掌握成绩报道和解释的基础上,如何帮助学生知晓并解释其测试结果、考试表现等也是一种测评素养的实现方式。现有的文献中对教师与学生之间的交互比较鲜见。

　　由此,本研究聚焦我国语言测试专家这一利益相关方,通过访谈的方式来提取专家对语言测评素养的一些看法。选取这一群体的理由有两点:一方面,作为我国语言测试研究最顶端的群体,语言测试专家本身的语言测评素养较高,在理论研究和实践操作中均经验丰富,可在访谈中产出较多有关的内容;另一方面,大多数语言测试专家承担着传播测评素养的任务,如指导语言测试的研究生、为本科师范生或中小学英语教师培训授课。因此,这一群体是直接影响我国英语教师语言测评素养现状的群体,其发言权较高。

第二节　专家视角的研究设计

　　基于以上的文献回顾,本研究试图回答以下两个研究问题:①在中国英语教育背景下,教师的语言测评素养构念是什么?②提升语言测评素养的重点和难点是什么?本研究采用访谈的质化研究方法回答上述问题,研究的设计说明如下。

一、访谈人员

本研究邀请了我国语言测试研究领域的 10 名专家作为访谈对象,表 3-1 列出了这些受访专家的基本信息。这些专家的平均年龄为 44.5 岁,平均教龄为 18.8 年,共有 5 名教授和 5 名副教授(均具有博士学位),来自我国东北、西北、华东、华北、华中、华南地区 10 所不同的高校。此外,这些专家均主持或参与过语言测试研究方面的国家级项目,参与过高利害考试(如高考,英语专业四、八级)命题或审题的工作。为了对专家个人信息保密,以下均以受访者编号的方式报道。

表 3-1　受访语言测试专家的基本信息

编号	年龄(岁)	性别	教龄(年)	职称	高校所在城市及区域
1	47	女	21	教授	上海,华东
2	40	男	16	副教授	兰州,西北
3	50	男	26	教授	长沙,华中
4	34	男	8	副教授	杭州,华东
5	51	男	25	教授	广州,华南
6	46	男	20	副教授	广州,华南
7	39	女	13	副教授	西安,西北
8	41	男	15	副教授	北京,华北
9	48	女	21	教授	南昌,华东
10	49	女	23	教授	哈尔滨,东北

二、访谈过程

本研究通过研究者与语言测试专家一对一的方式进行半结构化访谈,部分无法直接面对面访谈的专家则采用电话访谈的方式进行。在受访者知晓研究目的并许可的前提下,所有的访谈都保存录音,每次访谈时长约 40 分钟。

访谈一开始由受访者谈谈自己的语言测试研究和考试开发等方面的经历。

接着,研究者大致围绕语言测评素养的构念以及其培养的重点和难点等问题进行提问。问题如下:①您认为语言测评素养的组成部分是什么?其相互关系如何?②您认为您的语言测评素养如何?优势和弱项在哪里?③您平时以何种方式教授本科生或研究生的语言测试课程?您如何评价学生?学生们的学习情况如何?④您认为提升语言测评素养的重点和难点有哪些?

三、访谈数据处理与分析

本研究将访谈数据进行转写,并采用归纳法在 NVivo 10 质化分析软件上对数据进行附码和分析。通过两轮的尝试性附码,专家访谈的数据基本呈现六个方面的内容:①专家在语言测试研究方面的经历;②语言测评素养构念的内涵;③语言测评素养提升的方法和思考;④语言测评素养的重点和难点;⑤英语教师语言测评素养的不足;⑥语言测试课程的有关内容。第一个方面主要是厘清测试专家的背景,相关信息已由表 3-1 列出,其他五个方面的内容综合起来可以回答本研究的两个研究问题。

第三节　专家视角的研究发现与讨论

一、语言测评素养的构念

围绕第一个研究问题,即中国英语教育背景下教师的语言测评素养构念,本研究通过访谈数据的归纳主要得出了以下五个方面的构念组成。

第一,语言测评素养包括了解并掌握语言测试中有关评估或测量的知识性内容。测试专家们普遍认为,测试目的和方式(如测试的多样形式、形成性评价和总结性评价、课堂评估和标准化评估)以及测试结果的后续处理(如解释测试的目的和试卷结构、报道评分的详细过程、与其他利益相关者进行沟通)都是这个方面的重要内容。此外,基本的语言学和应用语言学知识也是极为重要的。比如,专家 2 和专家 5 均指出"语言学知识,包括语言本体知识、中介语知识和对语言能力构念的认知等是语言测评素养的重要内容"。

第二,语言测评素养包括知晓有关语言测试知识,了解如何开展的操作层面的内容。这个方面包括测试过程（如开发考试、试卷的设计与命制、施测方案、评分标准、分数解释、考试和使用）以及如何具体开展不同类型的测试，真正意义上做到以评促学（如明确形成性评价、诊断性评价等的操作方法，自评和互评的操作细节，提供给学生有效并及时的反馈，提高学生对测试参与度的方法）。比如，专家1、专家8和专家10指出，试题的编写质量、组卷的情况等可直接反映英语教师的语言测评素养。

第三，语言测评素养包括理解并实践语言测试中的一些理论性内容。比如教育测量中的一些理论性概念（如效度、信度、标准），测试的公平性问题（如使用公平的测试方法，对有障碍的人士进行适当调整），测试中的伦理问题（如做到对考生的成绩和隐私保密，试题无性别或种族偏误）。其中，专家2和专家3曾经通过举例说明，我国的某些英语考试在一定程度上忽视了生活在城市以及生活在农村的学生之间的差异，极有可能会造成考试的不公或偏误现象。

第四，语言测评素养包括教师对于这种素养培养在信念与态度上的接受度。受访专家指出，仅有知识、技能、原理等方面的组成还无法构成语言测评素养的整体。教师若无法在信念上主动接受，那么最终的结果仍是测评素养的低下。这与教育学中教师的态度和情感因素（Borg，2006）以及教师发展中的接受度问题（Xu & Brown，2016）是不谋而合的。并且，从教师发展的角度出发，受访专家认为教师应该主动地去体验并尝试大规模考试，考试开发者也应提供更多的机会让教师参与命题。专家7提到："要将语言测评素养的培养与教师发展结合在一起，让教师主动地融入到命题和审题工作中。如果命题的能力尚待培养，那至少要有能力识别什么样的题目是有质量问题的，这样才可以在做中学，在学中做。"

第五，语言测评素养包括语言的基本功和语言研究能力。专家们认为，无论是中小学教师，还是大学教师，语言的基本功是测评素养的大前提，而语言研究能力是帮助语言测评素养提升的催化剂，并可让教师在研究中反思自己测评素养的不足之处。比如，有三位专家提到了语言基本功和研究能力对提升语言测评素养的重要性，摘录如下：

> 作为一名老师，是从实践者的角度来说的，要会出卷子，会分析数据，需要去想有没有别的方式可以来评估学生。而作为研究者，要学会分析数据，从数据中你能看到什么？有了初步的研究能力还可以让自己的测评素养更高。（专家1）

试卷存在质量问题的方面有很多,但有些试题本身的语法就有问题,不少还是高风险考试中的题目。教师没有了语言的基本功,我想也谈不上要去培养测评素养了。(专家8)

教师也需要具有一定语言测试的研究能力。研究不仅能帮助厘清理论知识,更能让语言测试实践,包括课堂形成性评估和期末终结性评估,以及其他类的语言评估实践更加科学、合理、严谨。(专家9)

以上的研究发现说明了两个方面的问题。我国语言测试专家基本认同现有的语言测评素养模型(如 Davis,2008;Inbar-Lourie,2008),认为知识、技能和原理三个方面是构建语言测评素养构念的重要方面。然而,测评素养的构念在我国也有了适当的拓展,主要体现在教师的信念和态度因素以及教师本身的语言能力和语言研究能力。从中国的英语教育背景来看,这两个方面是极为重要的,原因有两点:其一,中国的英语教师绝大多数不是英语的本族语者,这就意味着在命题中也会存在语误的情况。英语教师自身的语言能力成为了提升语言测评素养的重要前提。其二,中国的广大英语教师仍是一线的教学实践者,要从真正意义上提升其测评素养就要从信念和态度上使其主动地认同并自发地对知识、技能和原理三个方面进行学习。

基于第一个研究问题的发现和讨论,本研究试图修正以往的语言测评素养模型,如图 3-1 所示。构成语言测评素养内核的是四个方面,分别为知识、能

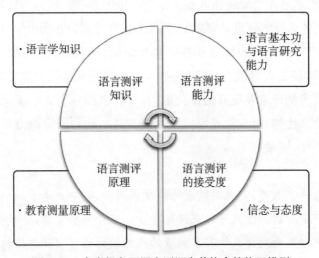

图 3-1   专家视角下语言测评素养构念的修正模型

力、原理和接受度。内核的外延是测评素养提升的重要前提或促进条件。比如，没有扎实的语言能力就无法命制有质量的试题，更谈不上有测评的操作能力。同样，如果缺乏语言学相关知识，那就无法掌握测评的有关知识。这一修正模型在下文中仍将继续论述。

二、提升语言测评素养的重点和难点

第二个研究问题涉及提升语言测评素养的重点和难点，以下分别从重点和难点两个方面展开。

提升语言测评素养的重点有三个方面：第一，命题能力的培养。专家们普遍认为，命题能力是语言测评素养的直接反映，因此加强操作层面的命题能力培养（如在语言测试课程或在职教师培训中增加命题工作坊）是重中之重。在命题过程中，专家还提到了批判性思维的重要性。如专家3指出："同样的一个语篇你能命出一个什么题来，别人能命出一个什么题来，别人命题为什么好，这就需要在命题实践中去培养批判性思维。"第二，区别对待不同的考试利益相关方。正如前文提到，不同的利益相关方所需达到的测评素养程度是不同的。专家们认为，在中国的英语教育背景下，对于一线教师而言，学会命题要比掌握语言测评的专业知识更为重要；对考试的开发者而言，多维度、多层面的测评素养是必须掌握的。第三，测评的方法和模式。由于很多教师无法正确区分形成性评价和总结性评价、课堂评估与标准化考试等，造成现有的测评存在诸多问题。教师应该理解并运用能有效测量学生语言能力的测评模式，适当地发挥主观题和客观题的功能，运用量化和质化的方法等。如专家1提到："我认为应该好好做质化检验，因为量化检验是比较广的，管理层比较方便做一些量化数据采集，而普通老师大多是做不成规模化的量化检验的，所以质化检验更为重要。"

提升语言测评素养的难点有三个方面：第一，培养的内容。专家们指出，与一些发达国家不同，我们并无英语教师的准入标准，这就对如何培养不同利益相关方的测评素养带来困难。有专家呼吁出台相关的英语教师专业准则，如专家8提到："如果没有像国外的那些标准，我们只能按照自己的想法来培养师范类毕业生，这将会造成今后英语教师的测评素养参差不齐。"第二，培养的途径。专家们认为如何培养测评素养，并将此形成长效机制是一大难点。有专家指出："学生最感兴趣的往往是命题和磨题的环节，所以定期地开设工作坊很有必要。"

也有专家建议,培养的直接途径还是要鼓励教师一起参与命题工作。第三,培养的客观障碍。有专家从教师的角度指出培养测评素养的一些障碍,主要集中在教学管理者身上。如专家4和专家5都提到:"管理者的作用还是蛮大的,考试命题范围30%至40%必须是从课本上出的。""我们的成绩要正态分布,否则教务处就认为考试有问题,存在教学事故的风险,这些都不符合我们语言测试的基本常识。"

　　由此可以发现,提升测评素养除了具体内容和途径外,很重要的一点是对不同的利益相关方有不同的要求。如果将图3-1展开,语言专业研究生、一线教师(如中小学、大学英语教师)、考试开发者、语言测评专家、语言政策制定者对不同方面的掌握程度是不同的。比如,对大学英语教师而言,在保证高度接受度的前提下,应着重加强测评能力的培养,对测评知识和原理的掌握程度可适当放宽,如图3-2所示。当然,这里的比例仅反映内核组成的相对关系,具体的比例数仍需在不同的教育场景中通过验证得出。这与国际上语言测试界对语言测评素养的最新研究动态也十分吻合。

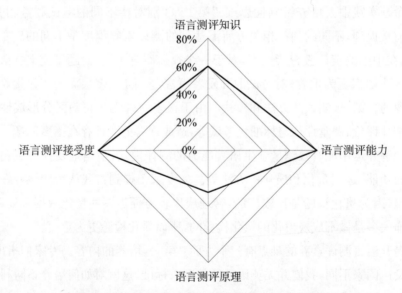

图3-2　专家视角下英语教师语言测评素养的构成

第四章　语言测试课程研究

　　要培养并提升语言测评素养,参加语言测试的有关课程是较为直接的途径之一。特别是在本科生和硕士研究生的培养过程中,语言测试课程已经逐渐成为师范类英语专业学生以及英语相关专业硕士生的重要课程。比如,在我国,语言测试的有关课程通常在英语专业本科高年级时以选修课的方式开设,或是在英语语言文学、外国语言学和应用语言学专业研究生课程中以必修课的方式开设。本章从与语言测试课程有关的教学大纲入手,梳理并分析了语言测试课程在我国语言测评素养中的基本状况,并结合第一章中的有关内容指出现有语言测试课程的不足之处,为今后的改进提供一些建议。

第一节　语言测试课程研究简述

　　在文献资料中,专门针对语言测试课程的研究较为鲜见。总体而言,这方面的研究有两类:第一类是有关语言测试课程的教研探讨。比如沃顿(Wharton,1998)以及约翰逊、贝克尔与奥利弗(Johnson, Becker, & Olive, 1998)均通过让准教师分析试题试卷、编写和命制试题等实践活动来掌握有关技能,清楚地了解不同试题可以发挥怎样的作用。他们的研究发现,这种实践工作坊可以给准教师们带来更多有用的经历,并且可以将他们所学的理论知识在实践中加以巩固。在中国,相关的研究也为数不多。金和揭(Jin & Jie, 2017)调查了一个为期一周的语言评价培训课程的有效性。她们发现,学员对课程的整体评价以及对各个模块的评价都很高,而且以前的培训经历对其评价基本没有影响。研究采用了自行设计的语言评价素养测试,通过学员和对照组的答题数据分析发现,学员在与课程相关的评价素养各维度上均有所提高。

另一类是有关语言测试课程在课程设置、教学内容等方面的研究，主要关注这些课程本身。较为知名的是贝利与布朗（Bailey & Brown，1996）以及布朗与贝利（Brown & Bailey，2008）在十年间通过同一份问卷（后续研究对这份问卷做了有效的补充）在全球范围内开展了关于语言测试课程的问卷调查，了解课程设置、教学内容以及学生对课程的反馈。从时隔十年的两次调研中，他们发现，语言测试课程的内容中对语言测试的影响、语言能力标准、测试伦理等的关注较为欠缺。有意思的是，从他们的研究中发现，在培养语言测评素养的过程中，教师所使用的教材差异不大。表 4 - 1 列举了排名靠前的 18 本语言测试课程教材，超过 2 名受试者表示在其语言测试课程中使用过这些教材。由于当时的研究发表于 2008 年，这些书籍的年份跨度从 1991 年至 2005 年不等。这些课程用书与我国所开设的语言测试课程用书有无区别呢？本章的第二节将加以比较。

表 4 - 1   语言测试课程用书一览

课程用书的书名及作者	ISBN
Bachman, L. F. & Palmer, A. S. (1996). *Language testing in practice：Designing and developing useful language tests*. Oxford：Oxford University.	0194371484
Brown, J. D. (2005). *Testing in language programs：A comprehensive guide to English language assessment* (new ed.). New York：McGraw-Hill College.	0072948361
Alderson, C. J., Clapham, C., & Wall, D. (1995). *Language test construction and evaluation*. Cambridge：Cambridge University.	0521478294
Hughes, A. (2002). *Testing for language teachers* (revised). Cambridge：Cambridge University.	0521484952
Bachman, L. F. (1990). *Fundamental considerations in language testing*. Oxford：Oxford University.	0194370038
Bailey, K. (1997). *Learning about language assessment：Dilemmas, decisions, and directions*. Washington, DC：International Thomson.	0838466885
Brown, H. D. (2003). *Language assessment：Principles and classroom practices*. New York：Pearson Longman ESL.	0130988340
McNamara, T. (1996). *Measuring second language performance*. London：Longman.	0582089077

（续表）

课程用书的书名及作者	ISBN
O'Malley, M. & Valdez Pierce, L.（1996）. *Authentic assessment for English language learners: Practical approaches for teachers*. New York: Addison Wesley.	0201591510
Brown, J. D. & Hudson, T.（2002）. *Criterion-referenced language testing*. Cambridge: Cambridge University.	0521000831
Davidson, F. & Lynch, B. K.（2002）. *Testcraft: A teacher's guide to writing and using language test specifications*. New Haven, CT: Yale University.	0300090064
Bachman, L. F.（2004）. *Statistical analyses for language assessment*. Cambridge: Cambridge University.	0521003288
Genessee, F. & Upshur, J. A.（1996）. *Classroom-based evaluation in second language education*. Cambridge: Cambridge University.	0521566819
McNamara, T.（2000）. *Language testing*. Oxford: Oxford University.	0194372227
Stoynoff, S. & Chapelle, C. A.（2005）. *ESOL tests and testing: A resource for teachers and administrators*. Alexandria, VA: TESOL.	193118516 - 6
Bachman, L. F. & Cohen, A. D.（Eds.）.（1998）. *Interfaces between second language acquisition and language testing research*. Cambridge: Cambridge University.	0521649633
Heaton, J. B.（1991）. *Classroom testing*. London: Longman.	0582746256
Weir, C.（2004）. *Language testing and validation: An evidence-based approach*. Hampshire, UK: Palgrave Macmillan.	1403911894

由表4-1可以看出，所有的语言测试课程用书均是国外学者撰写、国外出版社出版发行的，无一例是中国学者撰写、国内出版社出版发行的。当然，这与中国学者在受试群体中的占比极小有关，也与调查的时间节点有关。此外，从这些课程用书的作者国别来看，英国和美国的研究人员基本上占据了半壁江山。

正如前文所述，以上的两项调查几乎没有来自中国的样本（根据作者2008年发表的数据显示，仅有2名受测试者来自中国）。因此，金（Jin，2010）开展了我国的语言测试课程调查，内容包括任课教师的教育背景、教学经历、教学内容、教学方法，以及学生的看法和教材等。通过对我国86名教师的问卷调查发现，这些语言测试课程虽然较好地覆盖了语言测试理论和实践的主要内容，但是课程很少涉及教育和心理测量方面的最新研究,命题和数据分析的实战操练严重欠缺,大部分教师尚未重视拓展后的整体效度观,对语言测试的社会学问题,包括考试的社会影响、教学后效等探讨不够。

第二节　语言测试课程教学大纲的比较研究

课程教学大纲可以从很大程度上折射出一门课程的全貌。基于本章第一节的内容,本节选取了 6 所高校语言测试相关课程的教学大纲,以文献分析(Document Aanalysis)的方法对这些教学大纲加以研究。试图回答以下几个研究问题:

(1) 语言测试课程教学大纲中有哪些内容是共核的?

(2) 本科生与研究生的语言测试课程有何异同?

(3) 语言测试课程用书有何特征?

(4) 语言测试课程的评价方式有何特征?

需要指出的是,由于语言测试课程的目标对象一般是即将成为英语教师或是从事英语语言研究的人员,属于同一群体的利益相关方,我们可以认为他们理应具备的语言测评素养是基本一致的。布朗和贝利(Brown & Bailey,2008)的研究也表明,一般而言,语言测试课程是针对研究生的,也有部分是针对本科生的。

为此,我们从位于不同区域的高校随机选取了六部与语言测试课程有关的教学大纲,并且这些教学大纲仍在使用之中,如表 4-2 所示。其中,编号 1—3 的教学大纲(高校所在地区分别为重庆、昆明和上海)均面向研究生层次的学生,编号 4—6 的教学大纲(高校所在地区分别为北京、哈尔滨和广州)针对的是本科生层次的学生(包括师范、教育、语言学等本科专业方向)。值得注意的是,编号 2 的教学大纲是针对汉语语言学研究生的(包括国际汉语教育硕士)。这六部教学大纲虽然无法完全代表我国语言测试课程的全貌,但从一定程度上可以体现这门课程作为语言测评素养的培养途径的现状。为方便指称,以下将使用 LT-1 至 LT-6 分别代表编号为 1 至编号为 6 的语言测试课程。

表 4 - 2　语言测试课程的基本信息

编号	课程名称	授课群体	总课时	高校所在地区
1	语言测试	英语语言文学硕士生、外国语言学及应用语言学硕士生	3 课时/周,共 48 课时	重庆
2	语言测试理论与实践	语言学与应用语言学专业硕士、国际汉语教育硕士	2 课时/周,共 36 课时	昆明
3	语言测试学导论	外国语言学及应用语言学硕士生	2 课时/周,共 32 课时	上海
4	英语语言测试	英语专业（师范方向)本科生	2 课时/周,共 32 课时	北京
5	语言测试学	英语专业（教育学方向)本科生	2 课时/周,共 32 课时	哈尔滨
6	英语测试理论与实践	英语专业（语言学方向)本科生	2 课时/周,共 16 课时	广州

　　从名称来看,这些课程均有一个共同的特点,即凸显了"语言测试"。但是,从授课的学时来看,LT - 1 最多(48 课时),LT - 2 其次(36 课时),LT - 3、LT - 4、LT - 5 并列排在第三,而 LT - 6 则最少(16 课时,一般为半学期的课程)。由此,我们可以发现,一般情况下,研究生和本科生学段语言测试课程的学时是大体一致的,但是总体上本科生所需的修课学时略少于研究生。

　　表 4 - 3 列出了这些语言测试课程的目标及有关的教学内容。就课程目标而言,研究生阶段的语言测试课程不仅关注语言测试基本知识本身,同样也关注到语言测评的素养(如 LT - 1 的画线部分)、语言测试的社会属性和跨学科知识(如 LT - 2 的画线部分)以及为今后研究所贮备的学术能力(如 LT - 1、LT - 3 的画线部分)等。相比较而言,本科生阶段的语言测试课程目标主要还是专业知识的传授,如掌握语言测试的基本原理和操作方法(如 LT - 4、LT - 6 的画线部分),了解语言测试的发展、目的、意义和作用(如 LT - 5 的画线部分)等。此外,我们还注意到一个共同点:这些课程目标中都贯穿了一个类似的目标,即命题的实践能力和提高命题质量的保障机制(如 LT - 3、LT - 4、LT - 5、LT - 6 的阴影部分)。

表4-3 语言测试课程的课程目标及内容一览

编号	课程目标	课程内容
LT-1	创建以学习为中心的互动课堂模式,通过语言测试文献阅读与讨论,提升学习者的语言测评素养,培养其探究精神,使其具备较强的学习能力和基本的学术素养,以实现自身的可持续发展。	语言测试文献资源 语言测试专著阅读与书评写作 语言测试综述文献阅读与写作 高风险考试概览、考试综述阅读与写作 经典语言测试理论阅读、思考及应用 听力、阅读测评理论与实践 口语、写作测评理论与实践 语言测试常见的研究方法及其应用 研究选题、研究计划及写作
LT-2	本课程要扩展研究生作为一个语言测试研究者的视野,希望将语言测试的发展置于特定的历史、社会和政治背景中加以分析;要使学生明白语言测试具有社会性,在语言测试教学领域中,不能只依靠专业理论,还要考虑到包括经济学、政治学和社会学在内的各种因素,才能更有效地把握测试的背景。本课程要达到四个主要目标:①提供有关语言测试发展和运用的实际问题的理论基础;②探讨语言测试的关键性问题:语言既是测试工具,又是测试的对象;③把语言测试和实际情景紧密联系起来;④能根据语言测试的结构和过程,分析研究试题的设计与评估,各种测试题型的信度、效度以及学生考试成绩与学生的实际语言能力之间的关系等。	语言测试的一般原理 有关语言能力的论述 信度的计算问题 效度问题 等值计算问题 概化理论与 DIF 问题 口语能力及口语测试 完形填空和词汇测试研究
LT-3	通过本课程的学习,让学生掌握英语测试基本理论、基本知识和技能,具备英语测试方面基本的理论知识,以提高英语测试和评估的质量,为英语专业的学生在将来的英语教学中做好英语教师或承担某个考试的命题任务做充分的准备。同时,为将来的研究做必要的知识和能力贮备。	英语测试简史和国内外大规模英语测试体系 英语考试的功能和类别 掌握英语考试的要素 学会制定英语考试规范 英语测试评估手段及其功能 阅读测试 写作测试 听力测试 口语测试 学会编写语法试卷 学会编写词汇试卷 试卷设计和施考 分数解释与试卷分析

（续表）

编号	课程目标	课程内容
LT-4	英语语言测试课程的目的是为了让学生<u>理解并掌握英语语言测试的内容、方法</u>；通过传授语言测试过程中的变异及其与思维、文化、社会、语境等因素的关系，学生将对英语语言测试与教学的关系，对当代语言测试中的重要流派以及思想观点有比较深刻的认识；熟悉英语语言测试的命题技巧与方法，大幅度提高命题能力。	英语语言测试课程的主要内容包括语言与测试的关系、为什么要进行测试、测试什么及怎样测试；语言测试的发展历程：短文写作—翻译法，认为语言是符号系统的结构主义法、从整体上测量语言能力的综合法和强调测试任务真实性以及语言实际使用的交际法；客观题的构成、设计原则；测试题的区分度和合理难度系数的分布；语法、词汇测试的各类题型设计与要求；听力、口语测试的材料选择与操作方法；阅读与写作能力测试的要求以及合理题型的选择、写作测试的评价方法；测试的效度、信度以及测试种类的介绍，如成绩测试、水平测试、潜能测试、诊断测试、测试分数的理解与识读等
LT-5	<u>使学生系统地了解语言测试的发展、目的、意义和作用</u>，掌握测试的种类和方法。本课程将加深学生对语言测试这门课程的理解，从而能够从理论与实践的高度对语言能力进行客观、准确、公平的评价。	英语测试概述、考试功能及其类别、考试要素、考试规范的制定、测试评估手段及其功能、阅读测试、写作测试、听力测试、口语测试、试卷设计与施考事项、考试成绩反馈、考试成绩分析
LT-6	本课程简要介绍国内外语言测试领域最新理论研究及实践，在此基础上，结合我国英语教学实际和学生的特点，着重讲解语言测试流程中的各个环节并针对实例展开讨论，如：考试的宏观、微观功能，考试总体设计，单项语言能力/技能的测试、命题、施考、考试分析及信息反馈等，旨在<u>了解和掌握语言测试的基本原理和操作方法</u>，以便在未来的教学实践中提高命题水平和考试质量。	英语测试概述、考试功能及其类别、考试要素、考试规范的制定、测试评估手段及其功能、阅读测试、写作测试、听力测试、口语测试、试卷设计与施考事项、考试成绩反馈、考试成绩分析

　　再来分析这些语言测试课程的教学内容。值得指出的是，如果一门课程有课程用书，其教学内容的编排很大程度上是由课程用书的内容所主导的。就教学内容而言，这六门课程大体上遵循了这三个模块的授课脉络，即"语言测试的基本理论（包括语言能力、效度、信度、考试规范等）—分技能的测试方法与命题

实践(包括听力、阅读、写作、口语等)—分数的报道与解释等"。从课程内容上来看,这三块内容应该是这些课程的共核部分。从内容的归属来看,这三块内容也对应了第一章中所提及的"技能＋知识＋原理"的测评素养模型,即基本理论属于"原理"层面的测评素养,分技能测试方法属于"知识"层面的测评素养,而命题实践、分数报道等属于"技能"层面的测评素养。

然而,从表4-3的课程内容一栏中,我们也可发现研究生层面和本科生层面在语言测试课程内容上的一些差异。第一,正如前文所提到的,研究生层面的语言测试课程目标带有学术探究的性质,相应的课程内容也涉及了语言测试的研究方法、论文写作等(如LT-1的画线部分)。第二,研究生层面的语言测试课程还关注了部分较为复杂的教育测量知识及其应用。比如LT-2中涉及了等值技术、概化理论、偏误分析等(如LT-2的画线部分)。这些教育测量技术不仅需要学生具备语言测试方面的知识,也要求他们具备一定的统计学功底。但不容回避的是,并非所有的研究生层面语言测试课程都在教育测量方面花了很大的力气。这与授课老师本身的兴趣以及教材的使用不无关系。第三,研究生层面的语言测试课程在一定程度上还融合了教育考试史的内容(如LT-3的阴影部分)。教育考试史对于教育学专业的学生而言应是必修课,在语言测试课程中有类似的内容可谓是增添了授课内容的色彩。

此外,这些课程内容也有一定的瑕疵。从课程目标与课程内容的匹配度上来看,课程的内容基本是服务于课程目标的。当然,LT-2的课程内容中对口语测试的内容较为突出,所占的篇幅也已超过了其他分技能测试的内容,可谓一处瑕疵。另一处瑕疵则是有关测试效度的理论问题。由于测试效度的理论仍在发展过程中,从现有的课程内容来看无法凸显最新的前沿问题。

由此,我们可以得出,本科生层面的语言测试课程大体上是研究生层面语言测试课程的子集。虽然授课教师的知识体系不同,这些语言测试的课程内容总体涵盖了语言测试最为核心和关键的问题,并在不同高校中存在一定差异。

除了参考书目外,几乎每门语言测试课程均列出了指定课程用书。表4-4列出了这些语言测试课程的指定用书与考核方式。从表4-4可以得出,除了LT-1无指定的书目外,其他的语言测试课程均使用了1本指定课程用书。LT-2、LT-3和LT-4的课程用书已由我国出版社引进,而LT-5和LT-6作为本科生阶段的课程,使用了由我国学者用中文编写的教程。对本科生而言,这在语言的理解上大大降低了难度。

表4-4　语言测试课程用书与考核方式

编号	课程用书	考核方式
LT-1	未具体列出	出勤 10%；陈述 10%；讨论 10%；课程作业 70%（中期考核：书评/考试综述/文献综述；期末考核：研究计划/实证研究论文）
LT-2	Henning, G.（2001）*A guide to language testing: Development, evaluation and research*.北京：外语教学与研究出版社.	课堂表现 40%；期末论文 60%
LT-3	Alderson，C.J.，Clapham, C.，& Wall, D.（1995）. *Language test construction and evaluation*. Cambridge：Cambridge University.	平时作业 30%；期末考核 70%
LT-4	Heaton，J. B.（2004）*Writing English Language Tests*.北京：外语教学与研究山版社.	课堂表现和课程论文 30%；期中考试 30%；期末考试 40%
LT-5	邹申,杨任明.(2000)简明英语测试教程.上海：上海外语教育出版社.	考勤 10%；课堂表现 30%；期末论文 60%
LT-6	邹申,杨任明(2000)简明英语测试教程.上海：上海外语教育出版社.	考勤及课堂讨论 20%；期末考试 40%；期末论文 40%

　　然而，如果我们将表4-4与表4-1相比较，就不难发现我们所研究的这6门语言测试课程用书与国际上语言测试课程用书不太一样。仅有 LT-3 和 LT-4 这两门课程使用了表4-1上的用书，且分别使用了表4-1上排名第三和排名第十七的用书。位于表4-1首两位的书籍并未在指定课程用书中出现，亦未在参考书目中凸显。一方面，这与国外书籍由我国出版社引进的速度有关，我国学者和学生购买国外书籍也不太便捷。另一方面，我们不得不承认，表4-1中排名靠前的书籍其理论性较为深厚，需要读者反复研读方可领会，教师可能出于这一原因而改用别的课程用书。

　　表4-4也表明，这些课程的考核方式基本一致，既注重平时的形成性评价（如平时作业、课堂表现），也有终结性评价（如期末考核、课程论文）。但是在评价的比重上，终结性评价仍然占较大份额。

　　除了表4-4列举的以外，还有两点值得我们注意。第一，虽然有些课程大纲中未提到教学方法,但其中也不约而同明确提到使用"讲授与讨论实践相结合"的授课模式。第二,在本科生层面的教学大纲中,有些语言测试课程提到了先修课程,如要求学生只能在修完语言学、语言学导论或是综合英语后方可选课,但是研究生层面却未对先修课程做出明确要求。

综合以上的分析,我们可以回答本节开头提出的四个问题。

问题一:语言测试课程教学大纲中有哪些内容是共核的?

通过分析语言测试课程的目标和内容,应该说语言测试课程的共核有三块内容:①语言测试的基本理论(包括语言能力、效度、信度、考试规范等),②分技能的测试方法与命题实践(包括听力、阅读、写作、口语等),③分数的报道与解释。

问题二:本科生与研究生的语言测试课程有何异同?

研究生阶段的语言测试课程不仅关注学习语言测试基本知识本身,同样也关注到语言测评的素养、语言测试的社会属性和跨学科知识以及为今后研究所贮备的学术能力等。相比较而言,本科生阶段的语言测试课程目标主要还是专业知识的传授,如掌握语言测试的基本原理和操作方法,了解语言测试的发展、目的、意义、作用等。此外,这些课程目标的另一个共同点是将命题的实践能力作为课程的落脚点之一。

两者的差异在于以下三点:①研究生层面的语言测试课程目标带有学术探究的性质,相应的课程内容也涉及到了语言测试的研究方法和论文写作等;②研究生层面的语言测试课程还关注到了部分较为复杂的教育测量知识及其应用;③研究生层面的语言测试课程在一定程度上还融合了教育考试史的内容。

问题三:语言测试课程用书有何特征?

我国开设的语言测试课程在课程用书上差异较大,原版的、引进的、本土的语言测试教程均有涉及。然而,与国际上的语言测试课程用书相比较,我国使用的书籍并非是国际上排名靠前、使用频数较高的几本。

问题四:语言测试课程的评价方式有何特征?

我国语言测试课程的考核方式基本一致,既注重平时的形成性评价(如平时作业、课堂表现),也有终结性评价(如期末考核、课程论文)。但是在评价的比重上,终结性评价仍然占到较大的份额,以期末考试和学术论文为主要的评价手段。

第三节　语言测试课程的短板和发展

第二节从语言测试课程的教学大纲入手，从该课程的内容共核、本科生与研究生层面该门课程的异同、该课程用书的特点、课程的评价方式等方面分析了我国语言测试课程的现状。针对上节所提出的四个问题，我们需要对语言测试课程存在的短板和今后的课程发展有所思考。本节主要从课程短板和今后的发展建议这两个方面展开。

我国的语言测试课程短板有哪些？我们从课程的具体内容、专业特色、课程用书等方面入手来加以阐述。

首先是课程内容。从我们对以上六部语言测试课程大纲的分析结果来看，它们基本上有效地涵盖了语言测试领域中最为关键的问题。但从测评素养的角度出发，我们同样可以发现一些短板。

第一，对照第一章中所提到的富尔切尔（Fulcher，2012）的框架，就可以明显发现这些课程中缺少对于"环境"层面的测评素养。我们的课程可能过多地注重测试与评价本身，而对测试与评价的历史、社会、政治甚至哲学框架等极少涉及。如果没有将测试与评价的背景或是"环境"层面的内容讲解清楚，而后的内容在社会性上也将表现得较为孤立。任何考试都是一定社会环境、一定意识形态下的考试，脱离了"环境"层面的考试是无法自圆其说的。金（Jin，2010）的研究结果也表明，我国的语言测试课程尚未充分关注考试的社会属性，对考试的反拨作用也只是停留在较为表层的授课内容上。

第二，同样对照富尔切尔（Fulcher，2012）的框架，我们还可以发现另一个短板，即缺乏对"实践"层面测评素养的关注。囿于课时限制和教师本身的水平，现有的语言测试课程在命题操作、教育统计方面的知识和实践极为匮乏。特别值得指出的是，在课程大纲中尚无一例是通过工作坊的形式来加强命题实践能力培养的。同样，由于需要一定的统计学基础，现有的语言测试课程大多不太涉及较为复杂的试题分析，基本仍停留在经典项目理论分析上，这与语言测试的前沿发展相比已经有所掉队了。如果要让学生真正掌握入门级别的命题操作和教育统计，最好的办法即是让学生实际参与命题，并通过测试的方式得到一定量的数据，继而对这些测试数据加以统计分析。

　　第三,专业特色方面的问题。虽然我们从研究生和本科生这两个学段比较了语言测试课程的异同,但是至少还存在两个方面的短板值得我们思考。第一,同为本科生,师范类或是别的类别高校的本科生在开设语言测试课程时应具备怎样的特色?《外语类专业本科教学质量国家标准》中明确提出,不同类别的高校在人才培养中应该力争做到分层卓越。那么对于这门课程,如何在保证语言测试共核内容的基础上进一步打造符合本土特色的内容,真正做到语言测试的"金课"呢?第二,除了本科生和硕士研究生,博士研究生层面开设的语言测试课程应有哪些特色?如何进一步区分硕士生层面的相关课程呢?这不仅需要在授课内容的覆盖面和难度上有所不同,更需要在如何为学术研究发展做出一定的贡献上有所突破。

　　第四,课程用书的问题。如上文分析的那样,对于研究生层面的语言测试课程,如果仅用一本书作为课程用书,就授课内容的视角安排和多样性角度而言显得较为单薄。此外,研究生层面的语言测试课程应该有一部分内容用于经典论文的解读,作为课程理论知识传授的必要补充。对于本科生层面的语言测试课程而言,课程用书除了一本教材外,还应该考虑一定量的补充材料,丰富"实践"层面测评素养的培养。

　　在解决以上短板的基础上,本书提出以下三点建议,为今后语言测试课程的发展提供思考。

　　第一,语言测试课程需要顶层设计。第二节的研究发现,虽然研究生层面开设的语言测试课程与本科生层面开设的有所不同,但是如何在本科生-硕士生-博士生三个不同学段中体现出系统性的层级差异,这是需要我们进一步研究的问题。如果这三个学段的课程设置存在较大程度的重叠,那么语言测评素养的培养似乎有事倍功半的效果。此外,如何在高一级学段中有效再现低一级学段中已经呈现过的授课内容,做到语言测试理论与实践知识的融会贯通,这也是需要从顶层设计上加以思索的。比如,本科生的重点可能是在初步掌握语言测试理论的基础上学会设计与命制英语试题,硕士生的重点可能是在了解这些理论的前提下不仅会命制试题,还能通过实际的测试等方式来对考试进行操作层面上的再加工,而博士生则应熟练掌握这些理论,并通过这些理论解决语言测试中的实际问题等。

　　第二,语言测试课程用书需要改进。一方面,由于国外原版图书昂贵,并且购买不太便捷,我国出版社应该进一步加大引进语言测试系列丛书的力度。从以上的比较研究可以看出，我国语言测试课程所使用的图书还是比较单一的。如果目前国内引进了大量的语言测试书籍，那么或许会改善现有的状况。另一方面，我国的学者在吸收国际上语言测试书籍内容和编写经验后，也应该编写系列丛书。现已有桂诗春（1986）、刘润清、韩宝成（1999）、武尊民（2002）、张厚粲（1983）、邹申（1998）、杨任明（2000）等的语言测试书籍。但从出版年份来看，这些书籍较为陈旧，部分书籍的内容也亟待更新。此外，目前我国的语言测试研究领域尚未出版过语言测试系列丛书，反观国际上围绕听、说、读、写等技能的语言测试系列丛书不在少数。本土语言测试书籍的优势在于可以吸收更多本土的考试和评价实例，从语言测试的社会属性上进一步提升学生的测评素养。

第三，授课模式也需要进一步探索。虽然有些语言测试课程的教学大纲并未明确具体的授课模式，但是从一些教学大纲来看，该课程的授课模式基本还是讲授结合讨论。如上文所述，语言测试课程，特别是在硕士生和博士生层面开设的这门课程，还可以通过命题工作坊、实地测试等方式来进行。这些都是操作性极强的流程，学生可以通过这些了解到考试的点点滴滴。此外，对于博士生层面的语言测试课程，我们也可以考虑通过以学生为中心的学习报告来进行。比如，教师挑选部分经典的论文或是文章，让学生在研读的基础上进行讲解，并通过学生之间的互动提问进一步加深对语言测试经典论文的理解。

第五章　语言测评素养量表：回顾、比较与展望

近些年,教师测评素养作为核心主题不断出现在教师发展和语言测试与评价领域的研究中,从术语演变、需求调查、水平调查、利益相关群体界定、内涵构建等维度,呈现了跨学科、跨领域、多视角、多维度的教师测评素养研究范式,量表的开发和使用是其中之一。本章通过查阅以美国、英国、澳大利亚、新西兰为代表的英语国家和欧洲地区相关教师专业标准文件和指南,并进行对比分析,以期为我国教师测评素养研究和量表的开发提供参考。

第一节　教师测评素养历史回顾

教师测评素养,是教师专业发展和教学实践研究的重要构成要素,对该话题的研究应贯穿教与学的整个过程。正如卡明(Cumming,2008)所强调,测评是教学的整体。然而,教师测评素养受到业界的关注,暂可追溯到 20 世纪 40 年代初期弗里曼(Freeman,1941),发展于 20 世纪 90 年代初,是一个起步于对教师的关注,发展于教师发展专业性转变的过程,其关注核心的更新和发展、主体的转变和迁移,与术语使用的演变一脉相承。正如舒尔茨(Schulz,2000)所言,外语教师资格、外语教师发展、外语教师评估证书等是两个世纪以来散发永久美丽的中心议题(贾爱武,2012),教师测评素养的发展便是根植于此类议题的沃土中。然而,历经近七十多年的发展,教师测评素养理论与实践的研究从酝酿、萌芽、术语演变、内涵构建到主体迁移,在体现教师能力标准变化的同时又力证了该议题研究的复杂性。经过多年的打磨,教师测评素养框架构建、构念建立仍处在发展初期(Fulcher,2012;Inbar-Lourie,2016),其核心问题尚未解决,原因在于形成性评估和动态评估之间的缺口尚未弥合(Inbar-Lourie,2016)。近年

来,学界以构建教师测评素养评价量表为视角对该话题进行研究补充。

测评素养作为教师素养的重要构成要素,直接影响和决定测评质量(Volante & Fazio,2007;许悦婷,2013),这一概念最初由斯蒂金斯(Stiggins,1991)在其研究中提出,是继《美国教师能力标准》提出后对测评素养的首次定义,泛指在测试与评估领域的利益相关者需要了解的技能和知识(AFT,NCME,NEA,1990),并被认定为评判高效教师的重要标准(Gotch,2014)。在问责制的影响下,研究者提出,对教师测评素养的定义需跨越测评领域进行更加全面、综合和动态的理解,应既体现当前测评的社会角色,又要体现语言测评本身的特点(McNamara & Roever,2006;Taylor,2008),且需兼具课堂内外的不同测评实践(Inbar-lourie,2008),是自教师能力标准提出后,首次以社会建构主义视角对语言教师测评素养的转折性创新定义,与以评促学(Assessment Reform Group,2002)、课堂测评(Rea-Dickins,2008)和动态测评(Lantolf & Poehner,2008)理念相吻合。因巴尔-劳瑞(Inbar-Lourie,2008)提出语言教师测评素养知识库(knowledge base),将测评人员的知识体系和结构定义为测评素养技能和具体语言能力共同构建的语言测评素养整体,重点包括"为什么""是什么""怎么做"三个维度(Inbar-Lourie,2008;Malone,2008;Fulcher,2012)。具体而言,是指教师对于测评手段的熟悉程度以及将测评知识运用于实际课堂实践的能力(Taylor,2009;Malone,2013)。

然而,戴维斯(Davies,2008)对语言测试指导书籍作了历时性回顾和分析,提出了包括知识、技能和原则的语言教师测评素养框架。泰勒(Taylor,2009)指出,语言测评标准、道德规范以及测评实践指南的构建是语言测试领域专业化的必然趋势,而在权衡语言测评专业化和教师测评素养培养的必要性的时候,需从教育需求、就业需求、社会政治等方面对语言教师测评素养进行定义。换言之,教师测评素养不仅是教师能力特征的体现(Popham,2011),同时也推动着相关教育政策的改进和发展(Gotch,2014),意指不同利益相关群体(如大学招生教师、政策制定者、政府部门以及一切与语言测评相关的群体和教师)都应该拥有不同程度的语言测评素养(Taylor,2013)。

对此,皮尔(Pill,2013)借助拜比的科学素养研究框架建立语言测评素养连续体,将语言测评素养分为素养完全缺乏、语词性素养、功能性素养、程序性与概念性素养以及多维素养五个不同层级,为教师测评素养的发展提供了新的视角。富尔切尔(Fulcher,2012)通过语言教师课堂测评需求调查,将语言教师测评素养定义为设计、开发、维护或评估大规模标准化考试或课堂测评所需的知识、技能和能力，熟悉测试开发过程，具备测评实践的原则、道德准则和概念，能够将以上置于历史、社会、政治、哲学等更广泛的框架中，以了解测评对个人、机构和社会产生的影响。通过梳理语言教师测评素养的发展历程和框架构建，因巴尔-劳瑞(Inbar-Lourie，2017)指出，教师测评素养框架的定义和框架构建需结合不同情境下教师和利益相关群体的需求进行情境化界定，而非统一化概念。从 20 世纪 90 年代初期斯蒂金斯(Stiggins，1991)对测评素养的定义到近期因巴尔-劳瑞(Inbar-Lourie，2016)的论述，教师测评素养从概念定义到框架构建都经历了一个质的飞跃，利益相关群体也在逐渐扩大，这与不同时期各国的政策需求和教师培养需求息息相关。

第二节　各国教师教育和测评标准类文件的比较研究

语言测评素养的内涵构建很大程度上依赖于教育学领域中的一些标准类文件，而不同国家的标准在制定上存在一定的差异，以美国、英国、澳大利亚、新西兰和欧洲地区为例，对其教育或测评标准类文件进行对比，如表 5-1 所示。

表 5-1　部分国家和地区的教育或测评标准类文件

国家或地区	标准名称	基本构成
英国	Changing Assessment Practices：Process, Principles and Standards（ARG，2008）	4 standards and related guidelines
	Revised Teacher Standards（UK Department of Education，2012）	8 standards
美国	Standards for Educational and Psychological Testing（AERA et al.，2014）	16 standards
	Classroom Assessment Standards：Practices for PK-12 Teachers（JCSEE，2015）	16 standards and related guidelines
	Professional Responsibilities in Measurement（NCME，1995）	8 standards and related guidelines
澳大利亚	Australian Professional Standards for Teachers（Australian Department of Education，2012）	7 standards and related guidelines
	Guidelines for Assessment Quality and Equity	20 guidelines

（续表）

国家或地区	标准名称	基本构成
新西兰	Graduating Teacher Standards（New Zealand Teachers Council，2008）	7 standards and related guidelines
欧洲	European Framework of Standards for Educational Assessment 1.0（AEA-Europe，2012）	7 core elements

　　各大标准存在共性，但也因目的、用途、群体和动机的不同，在概念界定和标准设定上存在细微差异。德卢卡（DeLuca，2016）曾对各标准和相关指南进行主题分析，以主题频次构建每个识别代码表征，最终呈现以测评目的、测评过程、测评结果分享、测评公平性、测评伦理道德、测量理论知识、促学测评理念、教师测评能力培养与支持为主题的八大测评能力维度。此外，德卢长通过工具项目特征分析、工具指导框架以及工具心理测量特征三个方面对 1990 年至 2012 年间涉及测评素养实证研究的八个测量工具作了系统研究，通过对比信度值、平均值和标准差数值分析以及各测评素养工具与以上八个维度的相关性，发现测评过程、测评结果传达、测评伦理道德是各大工具的主要构成要素，而测评目的、测评公平性、测评促学理念和测量理论知识在部分工具中涉及较少或没有涉及，教师测评能力培养和支持在所有工具中皆未涉及（DeLuca，2016）。为了更深层次了解测评标准和测评素养研究情况，本研究拟选取各英语国家和欧洲地区较具影响力的标准和指南进行横向和综述对比分析，旨在以微观视角揭示各国教师测评素养要求的发展变化，总结现有和未来可能的发展趋势。

一、美国国家教育和测评标准文件

　　美国是教师专业标准制定起步较早的国家（孟子舒，2018），其教师资格标准的制定也由来已久。早在 1825 年，美国的第一个教师证书法，便是对教师资格的初步要求（姚文峰，2007），经过多年的改革和经验积累，各类教师标准文件的颁布为美国教师专业的发展奠定了坚实的基础。1941 年，美国现代语言教师协会全国联合会（NFMLTA）主席弗里曼（Freeman）教授以"一个受过良好训练的现代语言教师应该具备什么素质？"一文向美国学术界提出关于语言教师的培养问题，但当时的重点是关注外语教师应该具备的关于语言的外显性特征，如口语、词汇、语法、句法及文化（Freeman，1941）。1955年，由外语计划委员会制定的《美国中学现代外语教师资格》对中学外语教师提出了七项具体要求，专业准备（professional preparation）强调了外语教师要知道实现教学目标的方法和技巧。1966年，美国外语教师协会发行出版《现代外国语教师教育计划指南：说明》专刊，作为美国首套针对专业外语教师的培养以及在职教师专业资格标准方面界定的清晰标准，它指出外语教师需要评价整个过程，对学生的不足表现进行诊断（贾爱武，2012），初现了诊断测评素养在外语教学中的作用。

20世纪70年代，"外国语与国际研究总统委员会"建议书（Vaught，1980）中提出开发全国语言评估标准。《准备就绪的国家》（1986年）、《明日的教师》（1986年）等重要报告相继出台，全国教师专业标准委员会成立（1987年）及《教师应知应会》文件（1989年）公布。美国教师联合会（AFT）、全美教育测量委员会（NCME）和全美教育协会（NEA）于1990年颁布了《学生教育评估中的教师能力标准》，打开了教师专业标准的新思路，继而有了适用于不同使用群体的《教育测量职业责任指南》（NCME，1995）、《教育与心理测试标准》（AERA *et al*.，2014）、《K-12课堂教师测评实践标准》（JCSEE，2015）等标准，如表5-2所示。

这些标准同异共存，但因使用群体的不同，对测评素养的定义也存在微妙的差异。《K-12课堂教师测评实践标准》将测评定义为收集信息和解释信息的过程，该信息用于告知教师、学生、家长/监护人、测评信息使用者等学生在知识、技能、学习态度、表现等方面的进步情况。《学生教育评估中的教师能力标准》认为测评是从学生测评中获取用于教育决策信息的过程，是向学生反馈其学习进步、优势和缺点的过程，同时也是判断教学效果和课程充分性以及促进教育政策制定的过程。而《教育与心理测试标准》本着促进考试实践和为测试实践提供评估标准的目的，为考试和考试实践开发和评估提供标准，并为针对各类测试及其有效的分数解释提供指导。

《学生教育评估中的教师能力标准》中强调了教师应具备的七项测评能力，包括教师应能熟练地选择适用于教学决策的测评方法；能够熟练地开发适用于教学决策的测评方法；能够熟练地为外来的或自己开发的测评方法进行施测、评分和分数解释；能够熟练地运用测评结果对学生、教学规划、课程开发、学校改进等作出决策；能基于学生测评熟练地开发和使用有效测评程序；能熟练地向学生、教育决策者、非专业人士及其他相关利益者传达测评结果；能熟练地判断不合道义、不合法以及其他不恰当的测评方法和测评信息的使用。布鲁克哈特（Brookhart，2011）认为该标准未考虑到形成性评估（如促学评价）的概念以及教师们对当前新技术的关注，缺乏时代性，指出教师测评能力标准的构建应响应时代和教师测评实践的需求。

表 5-2　美国教师专业标准对比

标准名称	K-12 课堂教师测评实践标准	教育与心理测试标准	教育测量职业责任指南	学生教育评估中的教师能力标准
时间	2015	2014	1995	1990
作者	JCSEE	AERA *et al*.	NCME	AFT，NCMF，& NEA
标准项目	能够开发合理的课堂测评	测评效度	开发测评产品和测评服务人员的职责	能恰当地选择评价方式
	能够实施公平的课堂测评	测评信度和测量中的准确和错误	测评产品和服务市场开拓和销售人员职责	能熟练地开发适合教学的测评方法
	能够根据测评目的和目标开展测评	测评中的公平性	选择测评产品和服务人员职责	能熟练地开展各类测评的实施、评分和解释分数
	根据测评目的选择恰当的测评类型	测评的设计和开发	测评管理或实施人员职责	能熟练地运用测评结果促学促教，以及规划教学、开发课程和促进学校发展
	根据测评目的选择恰当的测评方式	分数、量表、常模、分数链接和及格分数	测评评分人员职责	能熟练地研制、使用和评价评分量表
	清晰测评结果的使用对象	测评支持分档	解释、使用和传达测评结果人员职责	能熟练地传达和交流测评结果
	能够依据测评目的进行测评分析	考生的权利和责任	测评教育者职责	能熟知职业道德规范
	能够依据测评提供及时有用的教学反馈	测评使用者的权利和责任	项目评估者和测评研究人员职责	
	能够做到以评促教	心理测验和评估		
	课堂测评成绩和评论能够反映学生实际水平	工作场所测试和职业证书		

（续表）

K-12课堂教师 测评实践标准	教育与心理 测试标准	教育测量职业 责任指南	学生教育评估中的 教师能力标准
确保测评报告基于充分的学习证据，学习总结应清楚、及时、有效	教育测评和评估		
	测评项目评估、政策研究和问责		

因此，布鲁克哈特通过集合和分析形成性评价和促学评价的特点，基于标准的改革（Standard-Based Reform）、质量测评要素（5 项）（Stiggins，2009）、测评原则的重要思想（11 项）（McMillan，2008）等，在原有基础上新增了形成性评价要求的知识和技能并结合了基于标准改革的教育背景，既符合时代需求，也符合问责制的教育环境，主要体现在：①能够明确与课程标准和课程目标的中心思想和内容相关的学习意图，并能采用恰当的评估方式来实现学习意图；②能够分析课堂问题、测评题项和表现性测评任务，以明确学生完成此类任务所需的具体知识和思维技能；③具备为学生表现提供有效且有用的反馈技能；④能够构建评分方案，通过量化学生课堂测评表现为学生、课堂、学校乃至学区提供有用的决策信息，并能改善学生的学习、成长或发展情况。

为改进教育测量和评估实践，全美教育测量委员会（NCME）采用了《教师专业责任指南》（NCME，1995），致力于提高教育测量的专业性。该指南囊括了专业标准的要求和基本的道德准则，旨在告知和提醒参与教育测评的人员，他们有义务维护测评开发、使用、评估和营销方式的完整性，以促进各级教育专业测评的进一步发展。对此，《教师专业责任指南》专门针对不同人员提出了不同的职责，如开发测评产品和测评服务人员的职责、测评产品和服务市场开拓和销售人员的职责、选择测评产品和服务人员的职责、测评管理或实施人员的职责、测评评分人员的职责、解释、使用和传达测评结果人员的职责、测评教育者的职责、项目评估者和测评研究人员的职责八个职责，并以 80 个相关指南对各职责要求分别作了详细阐释。

在此基础上，美国教育评估标准联合委员会于 2012 年颁布了《K-12 课堂教师测评实践标准》，该标准以培养学生可持续性学习为目标，通过明确测评目的、学习期望、测评方法、沟通方式和学生参与度五个维度指导 K-12 教师规划和实施测评。同时,该标准对课堂测评形式和结果做了详细解释,指出课堂测评包括课堂即时性测评(体现学习进展、学习意图的功能)、形成性功能的总结性测评(如论文、表现性测评、研究项目)、阶段性测评(如单元考试、期末考试)三类,并将其划分为测评依据(foundation)(6 项)、测评使用(use)(5 项)和测评质量(quality)(6 项)三大部分 16 项要素、162 项指南。标准测评依据从测评目的、学习愿望、测评设计、学生参与度、测评准备、测评相关信息的交流和分享等方面诠释了课堂测评如何对接课程标准和学生学习预期,在促进教与学的同时,培养学生持续性学习的可能。同时,测评使用中的教师能力包括学生表现分析、有效反馈、教学跟进(instructional follow-up)、成绩和总结性评价、分数报道等。该标准详细描述了学生表现分析应如何与测评目的和测评实践相适应;如何提供及时有效的反馈信息以提高学生的学习;学习表现分析如何为后续教学计划和学生学习提供信息;测评分数和总结性评价应反映学生学习预期的成就;学生测评报告应真实、清晰、及时、准确、有用,并基于足够的证据。该标准指出为保证测评质量,教师应考虑到学生语言和文化的差异性、学生的特殊性和特殊需求、自由和偏见、测评效度、测评信度、测评反思等。除了测评依据、测评使用和测评质量标准,每个二级描述语下设详细解释和使用指南,分别清楚地阐释了每个指标的内涵和实施要求,以指导教师更好地实施课堂测评实践,促进教师的教学和学生的学习。

《教育与心理测试标准》分别于 1954 年、1966 年、1985 年和 1999 年以不低于十年的间隔修订。最初两个版本侧重测试开发以及为各类测试使用者提供考试手册,第 3 版标准(1985 年)在测试开发、测试使用、成绩报告基础上增加了就业和大学入学测试标准,重心超出了考试开发和使用本身。在这一版中,效度整体观是一大突破性转向。第 4 版标准(1999 年)扩充了"测试"的内涵,包括更宽泛的测试工具和测评及其在决策过程中的作用。与此同时,巴赫曼(Bachman,1990)把麦塞克(Messick,1989)的效度思想引入语言测试领域(李清华,2008)。而第 5 版标准(2014 年)的修订,在延续效度整体观的同时强调了信度和效度在预期用途中的分数解释功能(AERA et al.,2014),并将目标人群设定为更广泛的读者(冯采,2017),确保非测量专业人士对该标准的解读和理解。表 5-3 对该标准的新旧版本做了比较。

表 5－3 《教育与心理测试标准》新旧版对比

《教育与心理测试标准》			
	颁布时间 / 构成部分	1999 年标准	2014 年修订标准
		前言	前言
标准项目	第一部分	测试建构、评估和相关指南	依据
	1	效度	效度
	2	信度和测量误差	信度、精度和测量误差
	3	考试考法和修正	考试公平性
	4	量表、常模、分数可比性	
	5	施测、评分和分数报道	
	6	相关考试指南	
	第二部分	考试公平性	实施
	9	考试和考试使用的公平性	考试设计和开发
	10	考试者的权利和职责	分数、量表、常模、分数对接和及格分界定
	11	不同语言背景的考试个体	考试实施、评分和分数报道
	12	考生	相关考试指南
	13		考试者职责
	14		考试使用者权利和职责
	第三部分	考试应用	考试应用
	15	考试使用者职责	心理测试与测评
	16	心理测试与测评	入职考试和资格认证
	17	教育测试与测评	教育测试与测评
	18	就业和资格认证考试	项目评估、政策研究和问责制的考试用途
	19	项目评估和公共政策测试	

在修订第 4 版标准征求意见时，管理委员会（Management Committee，MC）考虑了以下五个因素：①对于所有考生的可及性和公平性；②教育考试问责制；③信息技术的影响；④有关就职考试和资格认证；⑤重新排版问题。因此，第 4 版的修订主要体现在：①重组章节；②对以公平性为代表的各主题进行了切实修改；③提高了章节间的一致性（Plake，2014），旨在确保测试设计、实施和

使用的最佳实践,以确保测试结果对所有考生群体都是有效的、公平的、可靠的(冯采,2017)。

二、英国国家教育和测评标准文件

早在 20 世纪 80 年代,以英国教育部发布的《教师质量》白皮书为首,继而颁布了《合格教师身份》咨询文件(1988)、《合格教师资格标准》(1989)等,对英国教师教育的发展文件进行自上而下地修订,并于 1997 年正式以法律条文的形式将《合格教师资格标准》规定为公立学校录取教师的基本依据(高鹏,2014)。进入 21 世纪后,受"教师专业化运动"的影响,英国对教育机构进行调整,对教师标准的修订相对频繁,分别于 2002 年、2007 年等颁布了不同的修订版本。2010 年,英国教育部发布的《教学的重要性——2010 年学校教育白皮书》揭露了英国教师队伍质量不高、中小学教育质量下降的现状,指出课程标准和教师水平的重要性(Department of Education,2010)。因此,为提高英国教师专业地位和权威,2012 年版《教师职业标准》应运而生,并提出 2012 年 4 月 1 日起,新、老教师必须遵循。2012 年版《教师职业标准》秉承提高中小学教师的专业化程度,进而促进中小学教育的高质量发展的原则,改变旧版教师标准结构复杂、缺乏操作性、内容烦琐、教学技能关注较少等缺点,取代了原来颁布的《合格教师身份》《初级教师专业标准》和《注册教师行为和操作守则》。

2012 年版《教师职业标准》分为说明、导言、教师教学标准和教师职业行为标准四部分。说明部分详细介绍了新标准的适用对象、适用范围、研发背景和过程、框架和布局介绍以及术语使用等详细信息。导言部分对教师价值观和行为规范等专业素养提出了总体要求,囊括了对教师义务意识、职场性格、知识更新能力以及职场关系等内容。教师教学标准部分从关爱学生、因材施教、有效反馈、营造学习环境等八大维度对教师教学提出要求,同时对教师测评能力提出了更高的要求。其中,教师教学标准中第 6 条要求教师能够"进行准确而有效的评估,掌握相关学科和课程的评价方式(掌握法定评估要求),结合形成性评价和总结性评价方式实现以评促学,根据学生档案袋和相关数据实时掌握学生进步情况,调整教学目标,积极反馈学生诉求、鼓励师生互动"。对教师测评能力的要求融合到教学实践中,强调了课堂教师测评素养的促学价值和功能。教师职业行为标准部分增加了旧标准中缺乏的教师个人和职业行为规范,但表述较为宏观,尚未针对教师测评素养的道德规范和守则提出要求。

与此同时，为指导和支持教育背景下测评实践需求，有效实施测评实践，英国测评改革小组发起了变革测评实践，2008年颁布了《改革评估实践：过程、原则和标准》（ARG，2008），建立测评实践框架，以总体性评价、形成性评价和终结性评价三个维度对课堂教师、学校管理团队、国家或地方理事机构和相关决策者四个不同测评利益群体作了标准要求，并附以详细的指南说明（DeLuca，2016）。

相较而言，两者对教师测评标准体现有所不同。2012年版《教师职业标准》涵盖面相对较宽，从总体要求到课堂实践都对教师测评行为和准则作了全面要求，相对较为宏观。《改革评估实践：过程、原则和标准》专对测评实践提出较为详实的标准：教师应懂得因材施测，如根据学生情况学习、技能、知识和理解的不同选择不同的测评方式；教师应根据学生对学习目标的完成情况明确学生完成任务的能力；教师应尽可能给学生提供与学习目标匹配的测评任务；教师应能使用测评结果帮助学生学习，根据报告标准总结学习、反思和改进教学；教师应能通过反思、同伴分享等各类专业活动来开展测评实践。《改革评估实践：过程、原则和标准》分别从测评的形成性和终结性使用功能对教师测评实践提出了要求，指出了在课堂实践中教师应该具备的测评认知和测评实践能力。测评的形成性使用中，教师应通过询问、观察、讨论与研究等多种方式收集与学习目标相关的学习证据；教师应让学生参与学习目标和预期达到标准的讨论工作；教师应通过调整活动节奏、难度和内容，提供改进反馈、给予反思和自评时间等不同评价方式提高学生学习水平；教师应指导学生通过了解和使用学习目标的标准和准则、自评和互评学习成果、学习反思等提高自身学习。在测评的终结性使用功能中，教师应能根据课程主题和学生年龄选择不同的考试或特定测评任务等方式来判断学生的学习成果；教师对学习成果的评判应基于多种测评任务；教师需参与学生间的讨论以确保对学生作出正确的水平和等级评判；学生需了解近期评判标准；学生需对自己受评的习作和学习成果及其测评过程有所了解；教师需帮助学生利用测评结果提高学生学习水平等。

2012年版《教师职业标准》和《改革评估实践：过程、原则和标准》针对群体相同，但视角不同，维度也有所差异。2012年版《教师职业标准》是主要针对教师而言的标准，从不同维度对教师提出了标准要求。教师测评能力是教师教学标准中的一部分，仅从测评方法、测评方式、档案袋记录以及成绩反馈四个维度对教师测评能力作了简略要求,这对课堂教师、学校管理团队、国家或地方理事机构和相关决策者的标准解读和实践操作保留了更多发挥的空间,同时也加大了测评项目评估的难度。《改革评估实践:过程、原则和标准》则从宏观到微观专门对教师测评认知、测评能力以及测评实践作了细致入微的描述和指南解释,但对教师测评实践过程中的教师个人规范和职业行为却尚未涉及。因此,两者各有利弊、相互补充。如表 5-4 所示。

表 5-4　英国教师专业标准对比

标准名称	编号	教师标准		改变评估实践:过程、原则和标准	
时间		2012		2008	
发布者		AERA		ARG	
具体标准	前言	教师所必须恪守的价值观念和行为要求;		根据学习者学习目标和学习进步情况的不同选择不同的评价方式;	总体评价
	教学实践	设定高预期目标,鼓舞、激励、鞭策学生;		根据学习的技能、知识和理解选择不同的方法,不受课程范畴的影响;	
		促进学生学习进步、学有所成;		根据学生完成学习目标情况明确学习者能做什么;	
		具备良好的学科知识和课程知识		根据证据性测评总结学习报告标准、并反思和改进教学;	
				教师通过各种专业学习活动开展评估实践,包括反思和与同伴分享经验	
		能有效规划和组织课堂教学;		教师通过询问、观察、讨论、研究与学习目标相关的学生习作等方式收集学生学习的证据;	形成性评价
				教师让学生参与有关学习目标和如何达到预期标准的讨论工作;	
		能做到因材施教、因需施教		教师通过调整活动节奏、难度和内容、提供改进反馈、给予反思和自评时间等不同评价方式提高学生的学习水平;	
				学生通过了解和使用学习目标的标准和准则、自评和互评学习成果、学习反思等方式提高自身学习水平	

（续表）

标准名称	编号	教师标准		改变评估实践：过程、原则和标准	
		能做到测评准确而有效的使用	教师掌握相关学科和课程的评价方式（掌握法定评估要求）；	终结性评价	教师根据学生年龄和课程主题选择不同的考试或特定评估任务等方式来判断学生的学习成果；
			结合形成性评价和总结性评价方式实现以评促学；		学习成果的评判基于多种评价任务；
			根据学生档案袋和相关数据实时掌握学生进步情况，调整教学目标；		教师参与学生间的讨论以确保对学生作出正确的水平和等级评判；
					学生需了解近期评判标准；
			积极反馈学生诉求，鼓励师生互动；		学生需对自己受评的习作和学习成果，及其评价过程有所了解；
	个人和职业行为标准	能做到有效管理学生行为，确保优质、安全的学习环境；			教师需帮助学生利用评价结果提高学生学习水平
		能履行更广泛的专业职责；			
		应表现出高尚的道德情操和素养			

三、澳大利亚教育和测评标准文件

相较英国和美国，澳大利亚教师能力标准的建立起步较晚，始于 20 世纪 90 年代中期（塞世琼，2012）。早在 1987 年，澳大利亚贸易联合会（ACTU）详述了教师专业素质与经济发展之间的关系，提出提高教师专业素质要求的必要性。1990 年，澳大利亚学校委员会通过发布《澳大利亚教师：十年议程》调查报告，为中小学教师教学能力提出了五大参考性标准（2016，刘敏）。受各国教育战略的影响，1996 年由国家教学质量计划项目制定了《国家初任教师能力框架》（杜静，2014），但因将教师的工作和能力分开，影响教师专业成长的整体性而被提议修改，将强调的重心从教学过程转移到教师培养上。1998 年由澳大利亚教育研究理事会牵头，发布了《职前教师国家标准与指南》。2001 年颁布的《21 世纪的教师：联邦政府教师质量行动》，提出澳大利亚应制定全国性的教师专业标准，提升教师质量。2003 年，经过论坛、研究报告、需求调查等形式，澳大利亚公布了《国家教学专业标准框架》（*A National Framework for Professional Standards for Teaching*）。2008 年，《澳大利亚 2020 纲要》作为澳大利亚未来十年发展的重要文本,对教师质量提出了新的要求。之后澳大利亚教育部通过了对《全国教师专业标准》的修订提议,于 2011 年 2 月正式发布,并将其定为全国统一标准(蹇世琼,2012)。

澳大利亚有其联邦体制的特点,政策制定和执行的问题相对复杂多样,较为值得借鉴。其中,高中课程设置是澳大利亚基础教育课程中最为灵活、选择性最丰富的一部分(夏雪梅,2013)。为了保证高中阶段高风险测评质量和公平性,由澳大利亚课程、评估和资格认证机构基于教学大纲的知识和技能要求研制了《评估质量与公平性指南》(*The Guidelines for Assessment Quality and Equity*)(ACACA,1995)。该《指南》由 20 条指南组成,旨在解决测评方法、材料和结果的质量问题(DeLuca,2016)。《指南》和《标准》对教师评价能力的要求有所不同,如表 5-5 所示。

《全国教师专业标准》根据专业能力的不同阶段,把教师分为四类:新手教师、熟练教师、高熟练教师和主导教师,并以专业知识、专业实践和专业参与水平为一级描述语对四个不同阶段的教师提出了七个"能够"专业标准:能够了解学生及其学习方式,能够掌握教学内容和明确教学方法,能够计划和执行有效教学,能够营造和维持和谐安全的学习环境,能够针对学生学习提供评价、反馈和报告,能够参与职业学习,能够与同事、家长或监护人以及团队共同参与专业发展(AITSL,2011)。其中在教师专业测评实践中,对四个不同阶段的教师就学生学习评价、学生学习反馈、一致性判断、数据解读等制定了不同的标准。表 5-5 呈现了从了解-使用-开发-带领评估逐层递增的教师测评素养水平要求。《指南》要求对测评方法、材料以及结果进行系统和定期评估,保持《指南》与教学大纲之间的互动。《指南》指出测评工具包括监督检查、作业、项目、实习实践、口头任务、听力任务、观察记录表、档案袋等。测评实施限制条件包括:监督、通知、可能获取的资源、实践、日期、交接程序、最后期限等。测评项目可为单向或多项。答题形式可为多项选择、简答题、段落答题、自由陈述、口述、图形作答、表格作答等。《指南》从测评方法(methods)、测评材料(materials)、测评结果(results)等方面对测评项目、测评工具、相关机构等维度进行细化,体现和确保测评的公平性,并指出测评公平性是测评质量的试金石(touchstone)(ACACA,1995)。

表 5 – 5 澳大利亚《指南》与《标准》的对比

		评估质量与公平性指南	全国教师专业标准			
时间		2008	2011			
发布者		ACACA	AITSL			
标准类别	教师分类		新手教师	熟手教师	高熟练教师	主导教师
具体标准	测评项目	应体现内容效度； 应具备表面效度； 应对"要求"的严格审查和解读后，才能编撰题项； 应使用专业语言或行话以确保测评的清晰度和准确度； 应谨慎处理有关性别，社会经济、民族和其他文化规约等问题； 应合理有局选项、提示、视觉设计、格式和单词词选择项的清晰度； 应明确，直接地陈述题项要求； 应选择熟悉材料作为背景知识； 应对知识和技能要求作出清晰，准确和恰当指示； 应在必要时以不同方式标识学生掌握所需要的知识和技能	评价学生学习 对正式或非正式，诊断，形成性及总结性评价等不同评价策略有所了解	能够开发、选择和使用正式或非正式，诊断，形成，总结性评价策略对学生学习进行评价	能够开发和应用较为全面的评价策略对学生学习需求进行诊断，并结合课程要求对其有效性进行评估	能够评估学校测评政策和策略：使用测评数据对学生学习进行诊断，并结合课程要求，体系合理要求以及学校评价要求有针对性地应用测评评估策略
	测评工具	反馈学生学习 应给学生清晰而确切的指示； 应在清晰，明确和具体条件下使用，并保持一致性； 应在人人平等的原则下使用	对及时和恰当的学习反馈及其项目的有所了解	能够对学生学习成就提供及时，有效且恰当的反馈	能够从有效选择合适的测评策略对学生学习需求，针对性反馈，以达到促学作用	能够起到模范带头作用，启动和发起应用一系列及时，有效，恰当的反馈策略

（续表）

	评估质量与公平性指南	全国教师专业标准			
科目测评工具	应包括测评项目的使用范围、上下背景；应包括测评工具、回答方式（包括视觉或包括语言材料的范围和平衡）；应包括测评条件和范围的平衡	作出一致性比较性的判断	对测评适度和应用有所理解，以对学生学习作出一致目有比较性的判断	能够理解和参与评价审核活动，确保学生学习判断的一致性和可比性	能够组织评价审核活动，确保学生学习判断的一致性和可比性	能够领导评价和评估活动，确保学生学习和评判的一致性和可比性
各机构对测评实践的改进	应定期审核测评方法、材料和结构；应包括质量控制和质量保证程序（如研究和数据）中的公平性检查；应努力改进对题项编写者、考试设计者、评分人员的培训；	解读学生数据	具备学生评价解释能力，并能以此评估学生学习情况，适时调整教学实践	能够使用学生评价数据来分析和评估学生对内容的理解，进行针对性对性改进并调整教学干预措施	能够与同事合作，使用各类测评数据对学生学习和自身教学进行评估，进行针对性干预并改进教学措施	能够基于学生测评数据与相关项目评估相结合，进行针对性干预并改进教学措施
报告学生成绩	应向测评项目的提供者传达质量要求；应鼓励相关项目评估负责教师采用指南以确保机构认证	报告学生成绩	具备向学生、家长或监护人汇报测评决策策略，能理解确保学生成绩记录的精确性和可靠性的目的	能够根据精确而可靠的成绩记录，清楚地向学生、家长或监护人报告学生学习情况	能够就学生学习情况和成就与同事合作，与学生、家长或监护人共同建构准确、翔实和及时的报告	能够评估和修订学校的报告和同责机制，以满足学生、家长或同事的需求

四、新西兰教育和测评标准文件

新西兰是一个教育发展较早的国家,在教师专业标准的立法保证、政策发布与体系建构方面较为成功的国家(柳国辉,2010)。早在 19 世纪 70 年代,新西兰就建立了第一所师范学校(陈时见,2011)。为解决创办初期教学专业课程短缺、培养方式单一、生源走向局限等问题,中等教育在进入 20 世纪后迅速发展起来。在较长时间里,新西兰教师教育因学生入学标准不高、学业要求较低、教学实践过少、毕业要求宽松等原因,其教学质量遭到质疑。1986 年,由诺埃尔. 斯科特(Noel Scott)主持的国会教育与科学甄选委员会发表了《教学质量调查报告》。该报告对此前教师培训提出评价和建议,指出要开设更灵活的课程,对教学技能有更清晰的鉴定方式。直到 1987 年,以"经济、效率、效益、公平"为原则,对教育管理制度和机制进行全面改革,引进专业标准是改革策略之 一(熊建辉,2008)。1999 年教育部先后颁布《专业标准：优质教学标准——中学教师与学校所有者标准》《专业标准：优质教学标准——小学教师与学校持有者标准》。为保证全国教师教育计划毕业生能达到全国统一标准,2007 年,教师协会公布了《教师教育毕业生标准》。为全面提升教师专业发展标准,2009 年新西兰教师委员会发布"完全注册执业教师"新标准(柳国辉,2010)以取代原有的《合格教师标准》。相较而言,2007 年公布的《教师教育毕业生标准》集合了国内外标准有益成分,为教师专业标准提供了框架(郭宝仙,2008),而"完全注册执业教师"新标准是中小学校长敦促教师的依据(柳国辉,2010)。鉴于此,本书就《教师教育毕业生标准》和"完全注册执业教师"新标准进行对比分析,如表 5-6 所示。

从《合格教师标准》到《教师教育毕业生标准》,教师测评标准以不同方式渗透在教师专业知识、专业实践中和价值观中,但都囊括了对评价理论的追踪学习和应用、数据的有效使用、数据的正确解读和有效报告以及恰当与家长或监护人针对测评信息进行沟通和交流,自上而下或自下而上从不同维度诠释了有效的教师特征,以及不同阶段教师应该达到的标准,做到有法可依,确保教师评价的制度保障。

表5-6　新西兰教师教育毕业生标准和"完全注册执业教师"新标准

	"完全注册执业教师"新标准		教师教育毕业生标准		
时间	2009		2007		
发布者	教师委员会		教师协会		
具体标准	一级描述语	二级描述语	一级描述语	二级描述语	三级描述语
	专业知识	注册教师能胜任相关课程的教学；	教师教育毕业生知道教什么		拥有适合学习者及其教育计划中学习领域的学科知识；
		熟悉当今学习和评价理论			拥有适合学习者及其教育计划中学习领域的教育学知识；
		熟悉当前教育，包括毛利语教育中的问题和行动			了解新西兰的有关课程文件；
		坚持不懈地自我学习；			拥有帮助英语为第二语言的学习者成功学习的学科知识和教育学知识
	专业发展	参与个体和集体的专业发展活动	教师教育毕业生了解学习者及其学习方式		了解有关教育学、人的发展与学习的理论与研究状况；
		规划和采用适当的教学计划、策略、学习活动和评价；			拥有有关评估与评价理论、原则和目的的知识；
	教学技巧	能灵活使用一系列有效的教学技巧；			知道如何培养不同学生元认知知策略；
		利用适当的技术和资源；			知道如何选择适合学习者和学习内容的课程内容
		有效地传授学科知识、反思和评价教学技巧和策略以改进教学	教师教育毕业生了解环境影响教与学的方式		了解个人、社会和文化因素会对教师和学习者产生复杂影响；
	学生管理	有效管理学生行为；			拥有关于新西兰土著居民的知识，并能在新西兰二元文化情境中有效地进行工作；
		与学生建立建设性的关系			理解二元文化、社会、政治、经济和历史背景下的新西兰教育

（续表）

"完全注册执业教师"新标准		教师教育毕业标准	
学生激励	能适应学生的个性化需要； 形成和维持积极安全的学习环境； 创造鼓励和尊重和理解的氛围； 维持有意义的工作环境 鼓励学生积极投入到学习中，促进学生学习； 建立适当期待，促进学生学习	专业实践 —— 教师教育毕业生应用专业知识规划安全、高质量的教学环境	运用学科知识和教学知识规划教学以提高学生成就； 运用并合理安排学习经验的顺序，关注学习，认识到价值观的多样性； 对所有学生给予高度期望，关注学习，关注英语（毛利语和/或英语）口语和书面语，具有完成专业任务所需要的计算能力和相应的数字技术运用能力； 熟练运用（毛利语和/或英语）口语和书面语，具有完成专业任务所需要的计算能力和相应的数字技术运用能力； 在教学实践中能适当使用土著语言；
关于毛利语教育	继续加深对毛利语用法和标准发音的理解和技能； 能在需要的时候表现出对毛利人基本交往礼仪的理解； 能用一种或两种新西兰官方语言清楚适当地交流；	教师教育毕业生利用有关教育原理促进学习	积极促进和培养所有学生的身心安全感，拥有相应的策略； 系统且批判性地利用有关教育教学原理反思学习，并将信息用于调整教学规划； 收集、分析和使用评价信息改进学习，并将信息用于调整教学规划； 知道如何适当地与其他学生及其家长或监护人、学校员工沟通评价信息
有效沟通	为学生提供恰当反馈； 与学生家长、监护人有效沟通； 与同事分享信息	价值观与专业 —— 教师教育毕业生学习与学科学习者和社区成员发展积极的人际关系	了解不同的价值观和信念对学习者及其学习文化的影响； 拥有工作同事、学生家长、监护人及其家庭和社区有效工作的知识和性格； 与学习者建立有效的关系； 帮助形成使不同学生都能有效参与的学习文化； 在教学实践中尊重土著民族
同事间的支持与合作	与同事维持有效的工作关系； 支持和帮助同事改进教学	教师教育毕业生忠诚于教师职业	拥护新西兰教师协会的道德规范； 了解并理解教师所肩负的民族、专业和法定职责； 与其他共同承担学习者学习福祉和幸福责任的人合作；
对学校活动的贡献	积极为学校及所在社区做贡献		能够阐明形成的个人教学哲学，并证明其合理性

五、欧洲各国教育和测评标准文件追溯

为确保整个欧洲教育测评和考试的同质性和可比性,为评估和测试开发人员提供相同的质量参考原则,由欧洲教育评估协会(The Association for Educational Assessment-Europe,AEA)发起并颁布了"欧洲教育评估标准框架"(简称"标准框架")。该框架最初的目的是为考试开发者、分数使用者、教育管理者等就各类考试、测评或评价项目的开发、实施、评分和结果报道提供比较和评估的统一标准的工具(AEA,2012)。它既可以是工具,也可以是参考基准,还可以用于现有国家标准体系的基准测试,以组织评估、同行评审活动,以及制定审计程序或者测评框架的参考框架,以保护用户和学生的权利。该框架主要由五原则、六核心、七要素组成,将专注于教育测评;基于欧洲环境;强调道德、公平和个人权利;保障测评关键质量问题(效度、实用性、对利益相关群体的影响);框架对语言学习、政策制定、考试开发和项目审核的支持作为五大主要开发原则,围绕标准化考试、各类测验(不同形式、不同目的)、总结性校本测评、职业性测评(行为测评)和能力水平考试、体系测评或项目评估亦或课程学习成果测评以及新型测评六大核心测评展开。其中每个原则都聚焦七大核心要素,形成测评开发链(Assessment Development Cycle)。每个核心要素通过证据和方法予以详释,如图 5-1 所示:

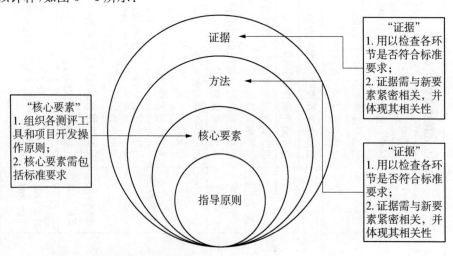

图 5-1　欧洲教育评估标准框架结构(AEA,2012)

　　"标准框架"包括了不同测评的形成性和总结性用途，而且每种测评都需经过测评开发链七个环节的打磨和提炼，从目标确定（构念界定、测评群体和测评功能）、证据和任务性质确定、收集证据（施考和后勤）、获取结果（评分和评估）、决策（汇总、常模设定、等级划分、分数线划定）、成绩报道和解释到总体评估，较为全面地从七个不同的方面对"标准框架"做了全方位探讨，方法和证据之间相互佐证，为解说标准提供详实但不具体的描述，以供使用者灵活采纳，如表 5-7 所示。

表 5-7　欧洲标准框架的各维度解析

名称	欧洲教育评估标准框架	
时间	2012	
发布者	AEA	
具体标准项目	目标确定（构念界定、测评群体和测评功能）	明确某考试、测评或相关任务所考察的测评内容和测评构念（如知识、技能、能力、态度及能反映学生能力的其他特征）并与教学目标保持一致；
		推断测评结果（分数的可能性用户和用途、以及测评优、缺点如分数的精确度水平和局限性）；
		明确测评结果的使用群体（如决策者等）；
		明确测评参与群体（年龄、职业、教育或职业水平）
	确定证据和任务性质	明确构念、模式、任务、证据与测评或测评项目目标保持一致（避免构念缺乏现象）；
		确保测评任务考查学生预期表现时，具有公平、高效、有效的区分性和选拔性；
		确保测评构念的内容、过程具有代表性；
		确保测评任务开发过程中测评任务和材料的内外审核；
		收集足够证据对学生能力进行推论
	收集证据（施考和后勤）	确保测评没有安全隐患；
		确保竞争环境的公平性；
		确保学生表现差异与测评构念相关；
		在线或网络测评前需核实考生身份；
		确保考生信息分布对测评结果具有推论性和代表性
	获取结果（评分和评估）	确保成绩的决策作用；
		确保测量工具的质量；

（续表）

名称	欧洲教育评估标准框架	
		确保评分员内、外信度；
		确保评分团队的选取、培训、规范、监督等遵循统一标准；
		确保测评结果的决策性使用或其他用途；
		应以最低可能水平收集结果（如考生各题项或任务的答案等）
	决策（汇总、常模设定、等级划分、及格线划定）	根据决策目的或考试使用需求对学生成绩进行赋值（如常模、内容或标准参照等）；
		确保决策的稳定性和可靠性和建立恰当的水平标准，需收集各利益相关群体的实证证据；
		建立常模时，样本选取和样本大小应具有代表性；
		确保及格线的划定对正确决策的影响；
		需确保不同形式的高风险测评难度和测评分数的同质性和可比性（即考试公平公正性）
	成绩报道和解释	确保分数解释和报道对考生真实水平的体现；
		确保测评结果报道的清晰、准确且对考生的实际价值；
		确保系统在模式、内容、计时、机密性等各细节上保持一致；
		成绩报道尽量避免报道规模的局限性和误解；
		成绩公布应遵循相关规定和尊重个人意愿
	总体评估	做好下一轮测评规划；
		需包括新测评的开发以及对现有测评的修改和改进；
		测评技术方面的评估；
		测评有用性评估；
		测评影响评估

第三节　语言测评素养量表的展望

综上各国及欧洲地区不同教师专业标准和测评标准，及其针对不同使用群体和使用目的，各标准呈现各自不同的特征，但都囊括了标准化测评、课堂测评以及各类项目评估，涵盖了以评促学、测评数据对日常教与学的指导功能。德卢卡（DeLuca，2016）对各标准作了主题分析，各标准内容主要围绕测评目的、测评过程、测评结果传达、测评公平性、测评伦理、测量理论、测评的促学功能、教师的测评教育和支持等展开。其中，在"改变评估实践：过程，原则和标准"中，促学评价占据整个标准的 41.3%，在美国布鲁克哈特（Brookhart，2011）拟定的 11 个标准和 K - 12 课堂教师测评实践标准中，促学评价分别占 27.4% 和 17.6%，而"欧洲标准框架"主要围绕各类标准化考试和总结性测评拟制标准，对促学评价的涉猎较少，是众标准中与 1990 年教师能力标准保持较为一致的标准，主要强调教育决策的测评。在教师资格认证和相关认证的标准文件以及新西兰教师测评标准中，促学评价素养占 3.4%，而美国三个文件中分别占 8.8%（NBPT）、7.1%（NCATE）和 8.6%（InTASC），澳大利亚和英国分别占 8.1%（DEA，2012）和 7.9%（DEUK，2012），存在局部性差异。

对各类文件的分析显示，1990—1999 年间，各标准的拟制主要围绕标准化测评、总结性测评的使用和选择，而 2000—2009 年间，教师测评能力主要围绕测评目的、测评过程、测评结果传达、测评公平性等。受各国问责制和考试公平性的影响，促学评价逐渐渗透到各大标准中。从 2010 年至今，除以上测评能力外，以评促学的测评标准和综合性测评标准在学界受到较多关注。研究者通过探讨基于各标准研发的测评素养量表，对教师测评素养进行检测和调查，这也不失为督促和检查教师测评素养的良好工具。

要让课程标准在课堂中得以有效落实，必须对评价进行变革，采用基于标准的评价（汪贤泽，2008）。具体来讲，与学业成就有关的标准主要包括课程标准、教学标准和质量标准，外语教育中涉及较多的是课程标准（雷新勇，2011；刘建达，2015a），基于标准的评价便是基于课程标准的评价。自 1990 年至今，伴随着不同标准的颁布，研究者依据不同的标准以及研究需求研制了不同的教师测评素养量表，其中影响较大的是以 Plake *et al.*、Campbel *et al.*、Zhang & Burry-Stock、Kershaw、Mertler、Daniel & King 为代表开发的测评素养量表和相关问卷（见附录一节选）。各测评素养测量工具信度、平均值和标准差显示都较为合理，但大多围绕 1990 年标准研制而成，主要针对考试的开发和应用素养，较少有涉及课堂测评素养的量表（DeLuca，2015），如表 5 - 8 所示：

表 5-8　现有语言测评素养量表的有关研究

工具名称	项目特征	指南依据	被测试者	心理测量属性
测评素养量表(ALI)(Campbell *et al.* 2002)	35 题(每个标准 5 题)	1990 年标准	220 名在职教师	$\alpha=0.74$; M=21
测评实践量表(API)(Zhang & Burry-Stock, 1997)	67 题李克特量表(5 级量表)	1990 年标准	311 名在职教师	$\alpha=0.97$
测评水平自信度调查(Jarr, 2012)	15 题(7 级量表)	Bandura 自我效能感量表指南	201 名在职教师	$\alpha=0.90$; M=64.9; SD=14.2
职业课堂测评问卷(Kershaw, 1993)	26 题李克特量表(5 级量表)	1990 年标准	393 名在职教师	$\alpha=0.91$; M=97.0; SD=12.9
课堂测评素养量表(CALI)(Mertler, 2003)	35 题(每个标准 5 题)	1990 年标准	197 名在职教师	$\alpha=0.57$; M=22.0; SD=3.4
测量素养问卷(MLT)(Danial & King, 1998)	30 题正误题	相关文献	95 名在职教师	$\alpha=0.74$; M=19.0; SD=4.7
修订后测评素养量表(ALI)(Mertler & Cambell, 2005)	35 题(5 个情境;每个标准 5 项)	1990 年标准	250 名在职教师	$\alpha=0.74$; M=23.9; SD=4.6
教师测评素养问卷(TALQ)(Plake *et al.* 1993)	35 题(每个标准 5 题)	1990 年标准	555 名在职教师	$\alpha=0.54$; M=23.2; SD=3.3

1990 标准指《教师教育测评能力标准》(AFT *et al.* 1990);α=信度;SD=标准差;M=平均分

　　同时,高奇(Gotch,2014)回顾了 1991 年至 2012 年间 50 项研究中涉及的 36 个测评素养测量工具。其中,9 个测量工具虽经过课堂试用或测量专家审查,但缺乏量化数据的效度验证;部分测评工具使用探索性因子分析对量表的维度进行界定,但尚缺乏足够的文本作为理据支持,而这恰恰是记录大规模教师测评素养测量工具质量的重要组成部分。其次,作者指出问责制和形成性测评概念在相关标准中较少涉及,因而被很多测评素养量表忽略。他强调教师测评素养的研究应与学生测评成果和有效教师特征相结合,并非完全依赖于标准本身

（Gotch，2014；Lingard，2016）。测评素养的高低直接决定了教师教学水平的发挥，同时决定着学生未来的长远发展，关乎整个教育系统乃至国家的良性走向。教育测评领域必须加强对测评素养的研究，为政策和实践提供信息。

以上这些研究对我国外语教师测评素养有何启示？我国是一个考试大国（杨学为，2003），有着多种用于入学、毕业、就业等目的的高风险外语考试，还有各类校本考试和课堂评价（Yu & Jin，2016），涉及教师、学生、家长、教育政策制定和行政管理部门、社会使用者等不同利益群体（金艳，2018），因此，测评素养的研究显得尤为重要。我国测评素养研究起步较晚，尚处于发展初期，对教师测评能力的理解也不够全面（金艳，2018）。近几年，国内主要侧重于课程和水平调查（王家钺，2004；郑东辉；2009；金艳，2010；蒙岚，2016；杨鲁新，2017）、文献综述（林敦来，2011、2014；许悦婷，2013；彭康洲，2014）、叙事探究（吴一安，2006；许悦婷，2008、2011；韩宝成，2017）、书评（林敦来，2012；辜向东，2017）、构念框架构建（金艳，2018）等维度，研究成果屈指可数，且出现术语使用多样化、研究范式驳杂、尚未形成独立的构念框架等问题，不利于该话题的深入研究。正如束定芳（2014）所指出，我国尚缺乏科学、合理、有效的外语课堂教学评估标准，他呼吁外语课堂教学理论研究应该关注外语课堂教学的评估。刘建达（2015b）指出，我国外语教学存在各阶段课程标准缺乏系统的统筹，外语教育评价较为强调终结性评价，忽略形成性评价的现象。评价量表是继黑板发明之后最方便的教具之一（Steven，2017），以不同目的为导向，通过检查表、评分标准等不同形式对日常课堂教学和课程教学成效等进行多种任务的效果检测。它不仅是教师教学和学生学习的有效量具，同时也是实现测评过程透明化的重要工具（Wolf & Steven，2007）。

因此，测评素养的进一步探讨可结合我国外语教师现状、我国不同的外语课程标准以及国外代表性标准、教师和学生测评需求、相关有效教师特征等维度，以形成不同阶段的教师测评素养构念；也可与各阶段相结合，形成外语教师测评素养连续体，供不同教师在使用测评素养框架进行自评、互评或他评，以此对自身测评素养进行更好的定位，达到以评促教、促学的功能。

第六章 英语核心素养指导下的语言测评素养

本章基于我国英语学科核心素养的构成及其内涵,从师范类院校毕业生的测评素养入手,梳理并分析了我国部分地区小学阶段英语学科终结性测试的形式与内容,着重对英语学科核心素养的内涵与终结性测试的指向进行关联研究。本章的研究发现,我国师范类专业毕业的小学英语教师在英语学科终结性测试方面仍深受结构主义的影响。他们主要测量英语的组构知识,极少测量英语学科核心素养的具体表征与真正内涵,这在一定程度上导致了学习英语就等同于学习英语组构知识的误解,降低了学习者的兴趣与动机。最后,本章对未来我国小学阶段英语学科终结性测试提出了一些思考。

第一节 英语学科核心素养与青少年英语测试

在我国现行教育政策话语体系中,"素养"(competence)一词正逐渐取代"素质"(quality)。"素养"强调人们通过后天修习涵养,形成具备一定知识、能力及态度的过程与结果,是"素质"+"养成"(刘云杉 2017:36)。2014 年 3 月,教育部发布《教育部关于全面深化课程改革落实立德树人根本任务的意见》(基教二[2014]4 号文件),提出"核心素养"的概念。"中国学生发展核心素养"项目组将学生发展核心素养归为 9 大素养、23 个基本点、70 个关键表现(详见崔允漷,2016)。鉴于我国"核心素养"概念提出的背景以及目前课程改革的需求,本章立足于师范生的英语测评素养,聚焦英语学科核心素养构成及其内涵,从评估视角反思基于核心素养的小学阶段英语学科终结性测试的指向。

在我国基础教育领域,英语学科核心素养的内涵与外延仍处于研究阶段,特别是小学阶段的英语核心素养仍存在一些争议,高中阶段对英语学科核心素养的定义已较为成熟。2014 年,教育部启动全国普通高中课程标准修订工作,提炼各学科核心素养,研制学业质量标准,促进与深化基础教育改革。《普通高中英语课程标准》(征求意见稿)将英语学科核心素养定义为:"学生在接受相应学段英语课程教育的过程中,逐步形成和提升适应个人终身发展和社会发展需要的必备品格和关键能力,综合表现为四大素养,即语言能力、文化品格、思维品质和学习能力组成。语言能力是指在社会情境中,以听、说、读、看、写等方式理解和表达意义、意图和情感态度的能力。文化品格是指对中外文化的理解和对优秀文化的认同,是学生在全球化背景下表现出的文化意识、人文修养和行为取向。思维品质是指人的思维个性特征,反映其在思维的逻辑性、批判性、创造性等方面所表现的能力和水平。学习能力是指学生积极运用和主动调适英语学习策略、拓宽英语学习渠道、努力提升英语学习效率的意识和能力"(教育部基础教育课程教材专家工作委员会/普通高中课程标准修订组 2016:4 - 5)。

语言能力是基础要素,文化品格是价值取向,思维品质是心智表征,学习能力是发展条件。四大核心素养涵盖知识与技能、过程与方法、情感态度价值观,形成相互渗透、融合互动、共同发展的协同关系(束定芳 2017:37)。如图 6 - 1 所示,四大核心素养包含的内容丰富,但就学科内部而言,英语的语言能力仍是核心素养的重中之重,也是可以直接有效测量的能力指标之一。

图 6 - 1　英语学科核心素养
(中华人民共和国教育部 2016:4)

虽然目前我国小学阶段英语学科教育仍参照 2011 年版中华人民共和国教育部(2011:35)所制定的《义务教育英语课程标准》,内容涵盖语言技能、语言知识、情感态度、学习策略及文化意识。然而,最新的普通高中英语新课标可以成为我国基础教育改革的突破口,为小学阶段英语学科教育改革提供理论参考,其中英语学科核心素养构成及其内涵可为从事小学阶段英语教育的师范生教学、为小学英语学科终结性测试提出新的方向。

国际上有专门针对青少年学习者的测试研究,凸显青少年学习者与成人在语言测试方面的差异。青少年学习者仍处于认知发展和学习过程之中,测试旨在测量青少年学习者在课中或课后对课程的掌握程度,通常形成性评估与终结性评估并重,对少儿的测评更应以形成性评估为主导。

在形成性评估方面,布朗和汉德森(Brown & Hudson,1998)建议青少年学习者的测试应采用三种反应形式:择答、作答及个人形式。小学阶段的测评应强调个人形式,即采用会议、档案袋、展示、自我评估、学习日志、对话日志、同伴评估等形式。随着青少年学习者认知水平的提高,可逐渐过渡到作答与择答形式(Brown & Hudson,1998)。形成性评估有助于教师获得与青少年学习者教学紧密相关的信息,同时非正式的评估形式可降低青少年学习者的焦虑,自我评估还有助于提高青少年学习者对自身学习进度的关注,发展自主学习的能力。

在终结性评估方面,正确的评估形式有助于发现青少年学习者所期望的语言目标,因而测试内容应基于课程目标。麦凯(McKay,2006)认为,青少年学习者的测试应具备特殊要求,如采用简洁但丰富的测试任务、图片及吸引人的排版。青少年学习者的测试开发者除了要具备测试理论与实践知识外,还应具备与青少年学习者相关的专业知识,如青少年社会与认知发展知识以及二语发展知识(McKay,2005:256),测试任务内容应符合青少年学习者的认知需求与文化特征。口语测试可采用基于任务的配对测试,既符合课堂教学实践,又有助于发展青少年学习者的交际能力,并制造情境使其运用各种语言功能与策略(如Brooks,2009;Csépes,2009;Egyud & Glover,2001;Fulcher,1996;May,2009;Taylor,2001 等),同时,配对测试可降低青少年学习者的焦虑(Csépes 2009)。

由此可见,国际上青少年学习者的测试研究强调青少年学习者的认知与情感发展特征,旨在培养青少年学习者的学习兴趣、学习能力与交际能力,将测试与学习融为一体(Alderson,2002)。结合上文对我国英语学科核心素养的内涵的探讨不难发现,就语言能力的测评而言,国际语言测试界普遍认为青少年的语言测试要强调测试的真实语境,强调测试任务与青少年认知水平的一致性,这些也渗透在我国英语学科核心素养的内涵之中。

第二节　英语师范生在命题实践中的测评素养

基于以上讨论,本节试图回答一个研究问题:现行小学阶段的英语学科终结性测试在多大程度上有效地指向了英语学科核心素养?围绕这个问题,本节对目前我国部分地区小学阶段英语学科终结性测试进行了采集与整理,由于一些地区不公布官方测试试卷,有些地区尚无官方的考试试题,采集难度较大。研究者通过搜索,采集到2016年北京、广州、上海、浙江、乌鲁木齐及长沙六个地区的小学毕业考试或小升初考试试卷,尽可能地保证了地区差异性。这些试卷是师范类院校毕业生从事小学英语教育的一个缩影,可以从较大程度上反映其语言测评素养。

本研究主要基于巴赫曼(Bachman,1990)提出的交际语言能力框架,该框架包含三部分,即语言能力、策略能力及心理生理机制。语言能力包含组构能力与语用能力,组构能力包含语法能力与语篇能力。其中语法能力指涉及语言使用知识(usage)的能力,包含词汇、形态、句法及语音/字形知识;而语篇能力指单句以上的语言知识,包含语义连贯与修辞结构知识。语用能力指语言符号与所指、与语言使用者及交际语境之间的关系,包含语外行为能力与社会语言学能力。总之,组构能力与语言使用知识(usage)相关,而语用能力与语言使用(use)相关。选取这个框架的理由有两个:一是这个框架与我国英语学科核心素养的契合面较大,不仅强调传统意义上的组构知识,也强调策略的使用;二是就语言测试界而言,这一框架仍被认为是最具有解释力的语言能力模型(Alderson & Banerjee,2002)。

从测试构念上看,如表6-1所示,六套试卷涵盖对组构能力与语用能力的考查,但组构能力的考查所占比重极大,语用能力的考查仅涵盖问候语的回答,仅间接地考查小学生的语用能力,因而六套试卷基本上测量了小学生对语言组构方面的知识及其记忆。

从测试题型上看,对词汇知识的考查,主要采用单词归类、根据句意和首字母补全句子、短语翻译、单词中英文匹配、组单词成词组、图片与单词匹配等题型,其中最典型的题型为单词归类与根据句意和首字母补全句子。对形态知识的考查,只采用词形转换的题型。对句法知识的考查,主要采用词汇正确形式填空、句型转换、选词填空及连词组句的题型，其中最典型的题型为词汇的正确形式填空与选词填空。对语音/词形知识的考查，主要采用单词辨音、听音选单词、词组及句子、听句子完成句子填空、书写字母、抄写句子等题型，其中最典型的题型为单词辨音与听音选单词、词组及句子。对语篇知识的考查，主要采用听句子选图片、听问句选答句、听句子选择、听句子是非判断、阅读后是非判断、阅读后选择、完型填空、阅读后表格和句子填空、阅读后简答、小作文、根据自身情况简答等题型，其中最典型的题型为听问句选答句、阅读后是非判断及小作文。对语用能力的考查，只采用问候语答句匹配的题型，且该题型在六套试卷中较为普遍。

表6-1 小学阶段英语学科终结性测试构念与题型一览

构念	成分	内容	题型	北京	上海	广州	浙江	乌鲁木齐	长沙
组构能力	语法能力	词汇	单词归类			√	√	√	
			根据句意和首字母补全句子		√	√		√	
			短语翻译		√				
			单词中英文匹配				√		
			组单词成词组				√		
			图片与单词匹配						√
		形态	词形转换	√					
		句法	词汇正确形式填空	√	√			√	
			句型转换	√					
			选词填空	√	√	√	√	√	√
			连词组句				√		
		语音/词形	单词辨音			√	√	√	
			听音选单词、词组及句子			√	√	√	
			听句子完成句子填空			√	√		
			书写字母						√
			抄写句子						√
	语篇能力	连贯	听句子选图片			√	√		√
			听问句选答句			√	√	√	√
			听句子选择				√		√

（续表）

构念	成分	内容	题型	北京	上海	广州	浙江	乌鲁木齐	长沙
			听句子是非判断				√	√	
			阅读后是非判断	√	√			√	√
			阅读后选择			√	√		
			完型填空			√	√		
			阅读后表格、句子填空				√		√
			阅读后简答						√
			小作文	√	√		√		
			根据自身情况简答				√		
语用能力			问候语答句匹配	√			√	√	√

　　虽然 2016 年北京、广州、上海、浙江、乌鲁木齐及长沙六个地区的小学毕业考试或小升初考试试卷在样本的代表性上仍有改进的空间，但也能从一定程度上说明一些问题。基于上文的论述，本研究认为目前我国小学阶段英语学科终结性测试尚未完全指向英语学科核心素养，具体表现如下：

　　第一，从师范类毕业生命制的小学英语试题来看，测试的构念仅指向了核心素养内涵的一部分内容。英语学科核心素养涵盖语言能力、文化品格、思维品质及学习能力四大素养，但纵观所分析的小学阶段英语学科终结性测试的构念，仅涵盖语言能力，未能涵盖文化品格、思维品质及学习能力。我国英语学科核心素养概念提出不久，对于思维品质、文化品格及学习能力的测评虽较难量化，但仍值得探索。基于英语学科核心素养的测试应涵盖直接或间接测评思维品质、文化品格及学习能力的内容，可通过试题的内容以及所承载的外延来渗透，例如让小学生向外国人讲述中国故事。此外，学习能力的测评也可渗透在作答的策略使用之中。现有的测评极大地关注记忆，较少强调学习中和答题中的策略。

　　第二，测试的内容效度仍存在较大缺陷。英语学科核心素养中的语言能力，强调学生以听、说、读、写、看等方式理解和表达意义、意图和情感态度的能力。从我国现行小学阶段英语学科终结性测试看，六个地区均未涉及"说"的方式，北京地区甚至未涉及"听"的方式。此外，"看"是指利用多模态语篇中的图形、表格、动画、符号、视频等理解语篇的意义(程晓堂,2017：8)。虽然国内现行小学阶段英语学科终结性测试的一些题型运用了黑白的图片,但其作用仅为单词或单句意义的表征,远未达到利用图片理解语篇的程度。随着科技的发展,多模态识读能力(multiliteracy)将传统识读定义扩展为理解各种视觉或印刷信息,强调获取各种渠道信息的重要性,读图能力也逐渐成为考查的重要方面,彩图的使用可成为测试的重要辅助。

　　第三,测试形式较单一且机械,考试的内容聚焦语言形式,即语言组构知识,而非语言在实际生活中的运用。英语学科核心素养中的语言能力强调社会情境以及语言的运用,而我国现行小学阶段英语学科终结性测试,对语言组构知识的考查较多,对语言运用的考查较少。对语言知识的考查,往往孤立地考查知识点或强调对知识的机械记忆,侧重考查语言形式的掌握情况,脱离语言的实际运用,以下试举两例：

　　例1　(　　)1. sun　A. put　B. fun　C. July
　　例2　1. she _____(宾格)　2. country _____(复数)
　　　　　3. close _____(现在分词)

　　此类题型单纯考查辨音(例1)或词形转换(例2),不仅脱离语境,而且属于间接测试,未凸现考查考生理解与获取信息的能力。例1中,即使考生作答正确,也未必说明该考生会正确发音；同样,例2中的词形转换并无法保证学生在语境中会使用这些不同的形式。

　　阅读部分语篇材料不太真实完整,主要考查考生对事实性信息的识别,极少考查考生对信息的理解、判断及评价。写作部分也未设置真实的写作情境或呈现写作任务,以鼓励考生表达真实的思想。以下试举一例：

　　例3　请你按中文提示写一段短文,不少于5句话。
　　　　我姐姐是一位出租车司机,她每天起床很早,每天早餐吃牛奶、面包,中午吃米饭、鸡蛋和鱼；每天5点回家。她工作很辛苦。

　　该题要求考生按照中文提示写作,写作的内容也有所偏离小学生的生活。这道题并不鼓励考生进行创造性的产出,更接近翻译活动,构念与写作的应有构念存在较大分歧。

　　总之,对英语学科核心素养要求与小学阶段英语学科终结性测试指向的关联研究发现,我国小学阶段英语学科终结性测试大体上仍深受结构主义的影响,主要测量小学生对语言组构方面的知识及其记忆,极少测量核心素养的真正内涵和具体表征,这在一定程度上导致了学习英语就等同于学习英语组构知识的误解。此外,测试题型相对固定,未作有意义的探索,不符合小学生的认知特点,降低了小学生的学习兴趣与动机。

第三节　对师范类毕业生测评素养培养的启示

　　目前,我国正借鉴国外有关核心素养的理论与实践,结合我国基础教育英语学科现实需求,提炼英语学科核心素养的构成与框架,制定基于核心素养的课程标准(程晓堂,2017:7)。基础教育改革是一个系统工程,基础教育改革目标的实现需要课程、教学与评价保持高度一致。推进基于核心素养的评价改革是确保我国基础教育改革的一个重要着力点和推动力,通过监测我国学生英语学科核心素养的发展,能为英语课程与教学提供反馈,进而推动英语课程与教学不断改革。基于核心素养的评价不再是基于学科内容的评价,而是基于能力与素养的评价。本节通过比较英语学科核心素养要求与我国部分地区小学阶段英语学科终结性测试指向,发现了现有制约我国小学阶段英语测试的一些问题,以下提出对我国小学阶段英语学科终结性测试的几点启示,对提升师范类高校职前教师测评素养也有所启发。

　　第一,测试构念需全面涵盖或渗透语言能力、文化品格、思维品质及学习能力四大核心素养。教育部明确要求将社会主义核心价值观融入国民教育全过程,英语学科具有工具性和人文性双重属性(程晓堂、赵思齐,2016)。语言能力不是独立的能力,而是在一般认知能力基础上发展起来的特殊认知能力。语言能力既反映一般认知能力和综合素质,又促进一般认知能力的发展和综合素质的提高。语言学习过程不仅是知识、技能的学习,而且是知识结构和人格修养的调整和完善(束定芳,2017:38)。因此,建议小学阶段英语学科终结性测试在考查考生英语语言运用能力的同时,通过材料选取、任务要求等,融入到对文化品格、思维品质及学习能力的测评。

第二,对语言能力的考查需全面涵盖听、说、读、写、看五个方面。语言能力包括语言知识与语言技能,语言知识是语言能力的组成部分,是发展语言技能的重要基础。英语学科课程改革的目标是发展学生综合语言运用能力,小学阶段英语学科终结性测试应将语言知识与语言技能的测量有机结合起来,应以考查学生语言运用能力作为测试开发的指导思想,减少单纯考查语言知识的试题。除考查组构知识外,在测试中应适当增加考查语用能力的试题和比重。此外,"看"的技能也应在测试中有所体现,测试内容应包含考查考生识别与理解图片与符号信息能力的试题;辨音等属于间接测试,可在有条件的情况下通过口语考试进行直接考查。

第三,测试题型应灵活多样,考查点应体现信息加工的梯度,测试形式应符合小学生的认知特征。小学阶段英语学科终结性测试在内容与梯度上过于单一,未充分涵盖不同内容、不同思维层次的语言能力,考查记忆的内容可相应减少。如通过听力与阅读考查,应从信息加工的广度与深度上来设计试题,涵盖语篇直接或间接提供的信息,考查考生识别、区分、归纳、分析、阐释、评价信息等不同层次的认知加工;如通过口语与写作考查,应设计真实的情境,贴近考生的现实生活,自然地考查考生传递信息与经验、表达观点、意图、情感及解决问题的综合能力。小学阶段重视听说,考试应以听说为主,读写为辅;形成性评估为主,终结性评估为辅。此外,测试题型的稳定不变,一方面是大规模测试所需要的,但另一方面可能会造成教师与考生针对固定题型开展机械的应试训练,而未能真正提高考生内在的语言能力。基于核心素养的测试,是基于能力与素养的测评,需要探索新的测试题型,更有效地考查考生的核心素养,同时考虑到小学生的年龄和认知特点,设计符合小学生思维方式的试题和插图,提高考生参加测试和英语学习的兴趣。

第七章 语言测评素养与《中国英语能力等级量表》

2018 年 6 月,由我国教育部和国家语言文字工作委员会联合颁布的《中国英语能力等级量表》(China's Standards of English Language Ability, CSE)正式实施。这一规范性文件对我国英语的教学、测评等具有重要的指导意义,并在国际语言测试学界引起了极大的反响。此外,要真正落实 CSE 的有关规定,语言测试领域的研究人员、教育管理者、一线教师等都应对此加以深入学习并统一认识。同样,CSE 对语言测评素养的指导意义也可见一斑。由于 CSE 是一项庞大的工程,本章仅以 CSE 中的写作能力为切入点,在详细介绍该分量表的研制细节和框架结构的基础上,指出可从 CSE 中引申出语言测评素养的基本要素。本章最后一节指出,在 CSE 实施的背景下,语言测试的利益相关方需要掌握何种测评素养的内容和原则。

第一节 《中国英语能力等级量表》:以写作能力为例

外语能力测评体系是深化考试改革、提升考试质量的重要标尺,是促进基础教育和高等教育外语教学相互衔接、促进多种学习成果沟通互认的重要措施(刘建达,2015a)。CSE 是外语能力测评体系建设的重要一环,而写作能力等级量表(以下简称"写作量表")作为其重要组成部分,为今后我国英语考试、教材编写、大纲设计中有关书面表达的内容起到积极的指导作用。本节作为介绍 CSE 的前导,将以写作量表为例,阐述量表的研制过程等细节内容。因此,本节首先简要回顾我国写作教学课程要求以及测评标准的现状和存在的问题,并在此基础上提出写作量表建设的总体思路。接着,本节将梳理主流英语能力量表的写作内容以及写作能力的构念和模式,并阐述写作量表研制的理论支撑与具体研制和效验的过程。

一、写作量表的研究背景和思路

CSE 的研制和出台均基于一定的社会背景和理论研究,其中的写作量表也不例外。我国有关写作教学课程要求和测评标准的内容在不同学段的指导类文件中都有所涉及。在基础教育阶段,2001 年版的《英语课程标准(实验稿)》涵盖了小学、初中和高中三个学段的内容,之后 2003 年版的《普通高中英语课程标准(实验)》取代 2001 年实验稿中的高中部分。这些文件均将写作基本要求划分为九级,从词、句、篇、标点等方面提出了不同级别上的要求。同样,在高等教育阶段,如 2000 年版的《高等学校英语专业英语教学大纲》将写作能力划分为八个级别,规定了写作各个方面的能力要求。

然而,如果我们仔细比较基础教育阶段和高校英语专业的写作要求,就不难发现其中的瑕疵。以下试举一例,基础教育阶段的 4 级要求(约为初中)规定"能正确使用标点符号",而英语专业的 2 级要求(约为英语专业一年级)也规定"能书写规范、标点使用正确"。这就从一个侧面说明我国现有写作能力要求存在重叠的情况,甚至低学段和高学段由于测评标准不衔接造成写作能力要求倒置。因此亟须建立统一的写作能力等级量表,级别越高,写作能力目标越高,真正实现"量同衡、车同轨"的写作测评体系。由此,在教育部考试中心的统一领导和协调下,写作量表作为 CSE 中的重要组成部分从 2014 年开始研制。

在描述写作能力的方式上,写作量表采用与 CSE 其他技能组一样的做法,即以"能做"的描述方式呈现。"能做"描述综合运用了描述交际语言能力的真实生活描述方法(real-life approach)和交互能力描述法(interactional ability approach),直观地报告学习者或使用者能用怎样的语言在怎样的写作场景参与或完成怎样的写作任务。因此,写作量表是由不同写作能力组成部分以及各个英语能力等级交织成的网状体系,综合地反映出不同等级上的写作水平(刘建达,2015b;朱正才,2015、2016a、2016b)。

在研究流程上,写作量表与 CSE 其他语言技能(如口语能力)采用相似的研制流程,如图 7-1 所示。课题组首先收集了国内外有关语言能力标准、考试大纲、不同学段教学要求、各类各级教材教辅中大量的描述语,并通过采样以及收集写作典型活动的方式丰富写作描述语库。研制初期,写作能力描述语的总数约为2400条。在此基础上,专家和一线教师通过判断对写作量表的这些描述语进行甄选和改写,并对其类别等进行验证,筛选后的描述语数量约为300条。最后,写作量表工作组将精挑细选的描述语组成问卷,通过大规模专家评判、教师评判、学生自评等方式进行描述语分级验证,并对不同问卷进行等值处理。在与其他语言技能组别共同确定级别临界值的基础上,继续打磨描述语,最终形成不同级别的写作能力描述语,共计100余条,分布在不同的工作级别[①]之中(由于写作量表是融合在CSE之中研制并验证的,更为具体的研制过程详见刘建达、彭川,2017)。

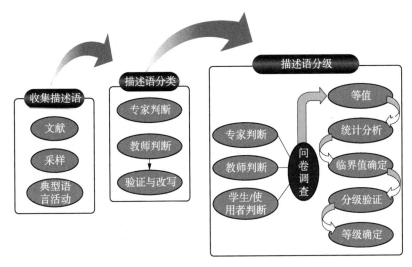

图7-1　《中国英语能力等级量表》中写作量表的研制流程

二、写作量表的理论基础

在研制写作量表的过程中,写作量表工作组探索了写作能力的理论基础,并提取出写作能力的参数指标,形成写作量表对写作能力概念的工作定义。写作量表工作组主要从两个方面对理论基础进行挖掘:其一是国际主流的写作能力量表,其二是国内外有关写作能力的研究。以下从这两个方面来回顾有关文献,并给出写作能力的工作定义。

---

① 工作等级共有9级,从低至高分别为A1、A2、A3、B1、B2、B3、C1、C2、C3。各级别对应的英语水平群体参见刘建达(2015a、2015b)、朱正才(2015、2016b)。

（一）国际主流的写作能力量表

写作量表在研制过程中详细分析了欧洲语言共同参考框架（Common European Framework of Reference for Languages，CEFR）和加拿大语言能力标准（Canadian Language Benchmarks，CLB），并在量表研制中克服了这两个主流量表的缺陷。

CEFR 的描述体系主要分为两个脉络：一是对典型语言活动的描述，二是对语言能力的描述。因此，CEFR 中的写作能力往往是结合具体的语言活动来描述语言能力的。CEFR 将能力级别分为六级，与写作能力有关的描述语在每个级别中各有 1 条。在具体描述写作能力时，CEFR 将写作的场景主要分为创意写作和写报告或文章两项，分别有 14 条和 11 条描述语对应这两个写作场景，并且在不同的级别中描述语的个数也不相同。此外，CEFR 也兼顾到写作策略，在构思、补偿和监控三项策略中分别有 4 条、8 条和 7 条描述语，但在某些级别中无写作策略的描述。CEFR 中与写作直接有关的描述语共 50 条，就写作而言，由于只涉及创意写作和写报告或文章两类场景，因此 CEFR 中对不同等级的解释缺乏详尽的描述（Weir，2005），导致了某些写作测试在与 CEFR 进行标准对接时显得困难重重（如 Alderson，2002；Morrow，2004）。

CLB 的描述未严格采用"能做"的描述方式，但其体系却基本参照了 CEFR 的内容，描述写作能力的方式为：在何种写作活动中、写到什么程度。虽然 CLB 的主要等级仅为三级，但由于子级较多（每个级别有 4 个子级）并且某一写作活动的能力描述维度较多，因此很难具体统计描述语的个数。不同的描述维度主要涉及写作的成品质量，对写作过程的描述极少。

由此，写作量表若要克服 CEFR 和 CLB 的缺陷，就要考虑到以下四点：①写作策略在各级别中的完整性；②写作场景或写作任务的丰富性；③写作知识的描述在测试中的应用性；④写作过程描述的突破性。这在写作量表的参数框架中均得到了体现。

（二）国内外有关写作能力的研究

除了分析国际上主流的写作能力量表外，写作能力工作组还梳理了写作能力的相关研究。从本质上看，写作能力是一种实践能力，通过具体的语言运用而得以体现。运用英语写作是理解他人传达的信息或表达自己信息的复杂过程。

但由于人们对英语写作过程及其认知机制的研究尚无系统性的定论,得到写作能力构念的详尽描述是极端困难的。尽管迄今仍无公认的写作能力模式或框架(Shaw & Weir,2007；Weigle,2002),但对写作能力发展和表现的影响因素的研究(特别是对写作活动的认知过程的研究),众多学者提出了一些理论模式。这些理论基础能够帮助课题组形成对写作能力构念的认识,并由此提取写作构念的工作定义及量表参数。这些方面的研究对确立 CSE 中的写作能力,继而对折射语言测评素养的基本要素意义重大。

1. 巴赫曼和帕尔默的交际语言能力框架

英语写作既是认知活动也是社会活动,因此英语写作能力也被看作是语言交际能力的重要方面(Cumming *et al.*,2000)。巴赫曼和帕尔默(Bachman & Palmer,1996)提出的交际语言能力框架(Communicative Language Ability,CLA)有助于加深课题组对写作能力本质的认识。在巴赫曼和帕尔默的交际语言能力框架中,外语写作是交际语言使用的重要表现形式之一,涉及使用者的组构能力和语用能力。前者可分为语法能力和语篇能力,后者可分为功能能力和社会语言能力。在语言使用过程中,语言知识(能力)仅仅是一个重要因素,语言使用者的个人特征、话题知识和策略能力也起着重要的作用。其中策略能力尤其关键,因为它有助于使用者综合运用语言知识、情感图式、话题知识等实现交际目的。

由此,巴赫曼和帕尔默的交际语言能力框架拓展了海姆斯(Hymes,1972)、卡纳尔和斯温(Canale & Swain,1980)及巴赫曼(Bachman,1990)的理论基础,并对外语研究和测试具有指导意义(McNamara,2005),也启示课题组在界定写作能力时应至少包含写作知识(如语法能力和语篇能力)和写作策略这两个方面。

2. 外语写作能力模式

写作能力模式的研究对写作量表的研制也具有重要的指导意义。文献中有关外语写作能力模式的内容较为分散,但也存在对研制写作量表具有较大影响力的两个模式,即格拉贝和卡普兰(Grabe & Kaplan,1996)的作为交际语言使用的写作能力模式,以及王文宇和文秋芳(2002)的二语写作过程模式。

格拉贝和卡普兰所提出的作为交际语言使用的写作能力模式试图从社会认知的角度描写写作的过程。这一模式融汇了三个方面的因素：学习者的认知过程、语言和语篇资源及语境因素。尽管该模式有成分庞杂、成分之间交互作用模糊等局限,但其优势表现在两个方面:①强调写作结果、写作的认知过程和写作活动发生的社会环境;②对与写作活动密切相关的语言能力作了较详尽的描述,有利于在写作测试和写作能力量表中的操作化。

王文宇和文秋芳提出了二语写作过程模式。此模式包括三个部分:任务环境、认知处理、作者的长期记忆。任务环境包括写作提示和作文文本,是写作活动的输入和输出。认知处理介于输入和输出之间,分为解题、内容构思、结构构思、文本输出和过程控制。各类思维活动过程循环往复,体现写作过程的非线性特征。

这两个模式分别在两个方面给写作量表的研制提供了极有价值的思考:前者启示课题组如何将写作活动情境化(如系统地形成写作活动列表);后者令课题组思考写作过程中的非线性特征,特别是这种特征对写作策略的意义。

3. 写作能力发展

写作能力发展主要关注高水平写作者与低水平写作者的差异,其研究可以分为两类:一是把写作能力发展看作语言能力发展,二是把写作能力发展看作语篇输出的操控能力发展。舒南等(Schoonen *et al.*,2003)发现:学生英语写作水平比母语写作水平提高更快,英语语言知识(语法知识、词汇知识、拼写知识)及其流利度(词汇提取和句子构建的速度)比母语写作能力的影响更大。元认知知识(包括语篇特征等)没有显现母语与外语的倾向性,学生可以把母语获得的此类知识用于外语写作。

由于写作量表涉及不同级别的学习者,从写作能力发展的角度分析,不同级别的学习者或使用者应如何分级,分级过程如何确定工作级距(工作等级),可以在一定程度上参照写作能力发展的有关研究。

4. 外语写作文本特征

写作量表的另一理论基础就是外语写作的文本特征,这也是写作成品中可直接观测到的特征。对外语写作文本特征的研究分为两个层次:①宏观层面的语篇组织和思想表达;②微观层面的句法、词汇等(Cumming,*et al.*,2000)。

在米兰诺维克(Milanovic,*et al.*,1996)的研究中,文本特征包括文本长度、可读性、语法等 11 个指标;卡明、坎特和鲍尔斯(Cumming, Kantor, & Powers,2001/2002)的研究建立了评阅托福考试作文时所做决定的描述框架,从卷面、词汇、组织结构等方面也提出了 11 个指标。基于这些特征,卡明等(Cumming, *et al.*,2001)把最受关注的文本特征归纳为三种,即组织结构、思想表达以及语法和词汇的准确度与流利度。文秋芳、刘润清（2006）确定了代表内容构念的四个变量：文章切题性、观点明确性、说理透彻性与篇章连贯性。文秋芳（2007）随之运用结构方程模型方法检验限时英语议论文内容的构念效度，主要包括文章切题性、观点明确性、说理透彻性与篇章连贯性。

由于描述写作能力时也会涉及写作成品质量的不同维度，以上这些有关文本质量的研究对写作量表的文本质量的构成和分类具有较强的参考价值。

5. 写作认知模型

随着认知学科研究的兴起，关于写作认知活动的理论和实验研究不断涌现，产生了多个写作认知模型（如 Alamartgot & Fayol，2009；Grabe & Kaplan，1996；Hayes，1996，2012；Kellogg，1988，1990；Sasaki & Hirose，1996）。写作认知模型研究一般关注写作过程的主要环节、各环节的主要认知活动以及影响因素。但由于研究的角度不同，各模型的构成要素及其组织结构各不相同。特别是由于写作过程涉及复杂的认知活动，并且影响因素多种多样，模型的框架结构和内部关系往往错综复杂，但就认知策略而言一般由构思（详见 Galbraith，2009；Glynn，*et al*.，1982）、撰写（详见 Berninger & Swanson，1994；Hayes & Flower，1980）和修改（详见 Chanquoy，2009；Fitzgerald，1987）三个部分组成。

写作认知模型对写作测量的分类意义极大，特别是对写作策略如何在不同写作阶段进行分类提供了帮助。按照写作认知模型，写作策略可基本分为写前、写中和写后三个环节。这一分类与 CEFR 中提出的构思、补偿和监控策略有所不同（详见邓杰、邓华，2017）。特别是补偿和监控应在写作的整个过程中不断重现，从写作阶段的对应性上而言本量表的写作策略从写作阶段上进行分类使其主线更为明确。

6. 写作文本类型

在文本类型的相关研究中，不同的语言学研究流派对其分类的角度和方法不尽相同。如瑞斯（Reiss，2004）将文本分为信息性文本（informative text）、表达性文本（expressive text）和操作性文本（operative text）。这种分类方法是以文本内容的焦点作为视角的，对翻译文本的分类较为有效，但类别之间的重叠性较为明显，其可操作性有限。就文本的功能而言，系统功能语言学给出了较为全面的解释和系统的分类，值得我们借鉴。韩礼德和马西森（Halliday & Matthiessen，2004）以及韩礼德和哈桑（Halliday & Hasan，1989）的研究提出了文本功能的分类方法,划分为记叙性材料、说明性材料、论述性材料、描写性材料、社交性材料和指示性材料六类。这种文本分类对写作功能和目的的涉及较为全面,与威尔里奇(Werlich,1976)对文本的分类也较为相似,在其他的文本类型研究中(如 Biber,2006;Hatim & Mason,1990)也得到了广泛的应用。

以上梳理了国际上主流的写作能力量表、交际语言能力框架、外语写作能力模式、写作能力发展、外语写作文本特征、写作认知模型以及写作文本类型,并在此基础上厘清了现有写作能力量表的缺陷应该如何克服,写作有关的研究如何来支撑该写作量表的理论根基。从上述分析来看,写作量表的核心是 CLA 框架指导下的写作能力和写作策略两个部分。写作能力要考虑写作文本的功能属性,写作策略则要体现不同写作阶段的不同策略,且不同级别的写作策略其侧重点应有所不同。这两个方面与其他语言技能(听、说、读、译等)均具有交集的部分,也是整个《中国英语能力等级量表》的共核。当然,写作能力的实际体现还离不开写作的情境或任务,也离不开写作的最终质量,但由于这两者是写作能力独有的,在提取写作能力参数框架时课题组也对此慎重地区分对待(见下文详述)。写作水平的高低还与写作发展有关,在不同的学段英语写作水平应在不同维度有着不均衡的发展,这对本量表按照学段来决定工作级别具有很重要的意义。此外,基于以上对写作能力参数提取的讨论,CSE 中对写作能力构念的工作定义是:"在特定情境中,针对特定读者实现特定交际功能和写作目的,通过调动语言、语用知识以及文本类型知识,并采用写作策略来优化文本质量等的书面表达能力"。

三、写作量表的参数框架

写作量表的参数框架还兼顾到两个方面:第一,CSE 是一个整体系统,写作能力的参数框架不仅要借鉴写作特有的理论与实践,还要兼顾到英语能力的共核以及其他技能量表的参数框架,尽量做到整体性和技能独特性的统一。特别需要注意的是:同为产出性技能,书面表达(写作)与口头表达(口语)的参数框架应基本一致。第二,写作能力的参数框架应兼顾到"过程"和"成品"两个方面。然而,出于可观测性的考虑,"过程"参数可融入到写作策略之中,"成品"参数则可融入到文本特征(即语言知识具体运用)之中。而真正写作可观测的落脚点则通过写作任务或情境来实现。由于文本特征和写作任务或情境为写作能力所特有,因此应以特别的方式区别呈现。

综合多方面的考虑,特别是不同语言技能在参数框架上的统一性,写作量表的参数框架由写作能力和写作策略两个方面组成,构成写作量表的主表,如表7-1中无阴影部分所示。表7-1的阴影部分是写作量表的副表,由文本特征与典型活动构成。以下将对参数框架作详细说明:

表7-1　《中国英语能力等级量表》中写作量表参数框架

写作能力	写作策略	文本特征	典型活动
描述 记叙 说明 议论 指示 交流	构思 提取 组织 撰写 转换 转写 修改 检查 编辑	准确度 复杂度 连贯性 得体性 有效性	写信(邮件) 文学创作 写论文 写报告 写日记 ……

第一,写作能力是写作构念的重要体现,是主表的参数之一。写作能力通过不同写作功能和目的得以反映,并且由作者在具体的写作活动中加以情境化,因此书面表达主要透过撰写不同功能文本的能力折射而构成。如上所述,文本功能分为描述、记叙、说明、议论、指示和交流(社交)。不同的写作文本必然存有一种最主要的交际目的,那么能在书面表达中有效实现最主要的交际目的则是描述某一等级英语使用者或学习者特征的关键。值得指出的是,交际目的中的"交流"虽然在写作中较少发生,但是随着网络化和大数据时代的到来,实时写作(交流媒介不局限于纸笔)成为了生活中常见的交流方式,因此该交际目的也被纳入到参数体系之中,并与口头表达能力中的"交流"形成呼应。在颁布实行的CSE中,这六个文本功能维度成为了重要的写作能力分表。

第二,写作策略是有效完成交际的手段,亦是主表的参数之一。写作是一种认知活动,故在描述写作策略时把认知维度作为重要的描述对象。一般而言,认知活动中语言使用者或学习者采取的具体措施或行为可定义为策略。量表的写作策略由构思(包括提取与组织)、撰写(包括转换与转写)和修改(包括检查与编辑)组成,这不仅与巴赫曼和帕尔默的交际语言能力中的策略能力以及大量的写作认知模型的内涵相符，也与实证研究中强调写前、写中和写后的三个阶段相一致。这个量表参数反映的是写作中某些无法直接观测到的能力，对写作交流的有效性起到关键作用。如"能在写作前列出要点提纲，供论述使用"即指的是在构思环节中组织写作思路的写作策略，对一定等级的使用者具有标签作用，也影响着写作成品的优劣。在颁布实行的 CSE 中，这三个写作阶段成为了写作策略方面的三个分表。

第三，文本特征是描述写作质量的重要指标，是写作能力独有的，被纳入到副表参数，主要由准确度、复杂度、连贯性、得体性和有效性构成。这五个维度综合了现有对文本特征和质量的研究成果，涵盖了语法与词汇在实际运用中的准确度和流利度、组织结构、论证结构、交际效果、语言地道性和流畅性、完成任务的程度等。在已颁布实行的 CSE 中，虽然这些质量性标准未单独列开，但在今后的修订版中，这些内容均将作为补充被纳入其中。

第四，典型活动是学习、生活和工作大类中具体写什么的内容所指，是写作中独特的参数，被纳入副表。这个参数本质上就是典型写作任务或情境的清单（如表 7-1 所示可不断添加），如写论文、写日记等。具体而言，这一清单的二级清单则更为具体。比如，在学习领域中，"能按照本专业的学术规范撰写学位论文"是"写论文"下极为常见的写作活动和能力描述。并且，写作量表中涉及的写作任务众多，极大地拓展了 CEFR 中只涉及的创意写作和写报告或文章这两项，这也是写作量表在现有主流量表基础上的创新亮点（潘鸣威，2017，2018；潘鸣威、吴雪峰，2019）。

写作量表中的"两主两副"参数看似相互独立，但由于写作量表侧重于实际使用，量表内部的各个参数之间实际上是相互作用、相互依存的关系。首先，写作任务的顺利完成离不开使用者或学习者的语言知识，而这些知识的运用却在文本特征中得以体现。其次，为更有效地完成写作任务，使用者或学习者需要使用写作策略，并使之与语言知识、非语言知识、调控策略等交融在一起。因此，写作交际活动的成功与否取决于多种因素的相互作用。课题组在描述语言使用者或学习者能写什么时都综合考虑了这些因素，集中体现了以上对写作构念的界定和总体量表研制的语言使用观（潘鸣威，2019）。

第二节　《中国英语能力等级量表》中
语言测评素养的基本要素

正如上文所述,我国正在积极推进外语教育目标和能力标准的改革(林蕙青,2015,2016),评价体系改革既是外语教育改革的内容,也是教育改革的重要推动力。CSE 的研制和实施对英语教师提出了各项新的要求。结合语言测评素养而言,金艳(2018)指出:教师需要了解量表研制和发布的社会背景(即"环境"层面的评价素养),学习量表的理论基础和框架结构,理解量表的等级设置原理和原则(即"原则"层面的评价素养),并在教学实践中使用量表,特别是在课堂评价和学业测试的设计和实施过程中,研究量表所描述的能力标准与课程目标的关系,探索量表对教学评价的作用和意义,验证量表的效度并对量表的改进提出意见和建议(即"实践"层面的评价素养)。以下我们就分别从"环境""原则"和"实践"这三个层面具体剖析 CSE 中关于英语教师测评素养的基本要素。

一、"环境"层面的评价素养

从 CSE 中我们首先要提取的是"环境"层面的评价素养,即对于 CSE 的颁布和实施,我们需要了解并掌握其社会背景。因此,这一方面的评价素养需要从两个方面展开,一是 CSE 可以解决的某些问题,二是 CSE 的社会价值和应用意义。

我国英语教育中,特别是考试与评价环节存在哪些突出的问题呢? 从现有的文献和调研材料来看,至少有以下四个方面的问题:

一是各学段的目标不连贯、不衔接,影响英语教学的整体成效。正如本章第一节中所述,针对英语写作能力的要求,各个学段的教学目标存在互不连贯的问题,基础教育学段的教学目标到了高等教育学段时仍是老生常谈的内容。应该指出的是,教学目标的制定应是一个螺旋式上升的发展过程,同一领域的教学目标在难度要求上应该体现出一定的坡度。这一问题在各个学段的课程要求或是考试大纲中较为突出,也是测评素养中关注教学过程的主要一环。

二是英语教学、学习和测评之间缺乏共同的能力标准,影响教学与考试的协同发展。由于我国地大物博,教育资源发展极不均衡,加上始终没有一个统一的英语能力标准,不同地区英语的教学目标、学习目标和考试目标的指向各有标准、各自为政。虽然地区的差异可以允许一定教学质量的偏差存在,但是对于语言能力的描述应是整齐划一的。为解决这一矛盾,我国的高考英语已经在这一方面做出了一定的妥协,如绝大多数省份使用全国卷,个别省市则采用地方独立命题的英语试卷。这一做法在一定程度上可以缓解当前教学与考试的不协同等问题,但从长远来看仍存在使这一矛盾激化的可能性。因此,这一问题也是测评素养中有关公平性的主要问题。

三是考试考查的语言能力还不够全面,考试对教学、学习提供的积极导向不够充分。囿于客观技术条件和师资配备力量,我国的英语类考试大多仍采用笔试的施考方式,对于英语听力、口语能力以及中英之间的翻译能力的考查较为有限。这些局限性已经直接产生了较为负面的考试反拨效应,对英语的教学和学习有所影响。此外,由于考生人群庞大,我国的大规模考试还无法从根本上实现在线的计算机化考试。

四是现有外语考试项目过多,标准各异,考试级别概念不清,不同考试之间成绩不可比,不利于促进科学选才。这些问题在基础教育学段十分突出,例如,由于教育主管部门明令禁止开展小学升初中的选拔类考试,小学毕业生为了进入教育资源优良的初中,就设法报名参加各类英语考试,并获得多项英语类的水平等级认证。然而这些等级认证的背后恰恰说明了不同外语考试之间互不承认的事实。

基于以上这四个方面的问题,构建一个贯穿各个学段、符合中国英语教育实情的语言能力等级量表则可以有效地解决上述问题。CSE 一则可以让各个学段的教学目标和内容统一到一把标尺上,二则可以让名目众多的英语类考试锚定到一个统一的能力标准上来。

此外,CSE 还有更为深刻的社会价值和应用意义。新时代的中国对国民的外语能力提出了更高的要求,然而国民现有外语水平与国家发展需求之间还有较大的差距,高端外语人才仍是我国国民经济发展中极为匮乏的资源。因此,CSE 对培养新时代的高端外语人才提出了明确要求(陈建林,2019),并对现有的各类英语类考试如何对标到 CSE 提出了可参照的方法和建议。

综上所述,要正确地认识 CSE 并充分发挥其作用,从语言测评素养的角度出发,以上"环境"层面的内容是必不可少的。

二、"原则"层面的评价素养

在以上"环境"层面的基础上，我们要真正深入了解并使用 CSE，还要涉及"原则"层面的评价素养，即掌握这一能力标准研制过程中的理论基础、等级划分的原则、描述语撰写的结构等。以下我们依次提出"原则"层面的评价素养。

（一）CSE 的理论基础

CSE 的语言能力模型主要基于三块内容，即交际语言能力模型、功能语言学理论及语言认知能力发展模型。根据我国英语教育的特点，将总体的"语言能力"定义为：语言使用者或学习者运用语言知识、非语言知识、各种策略等，参与特定情境下某一话题的语言活动（包括互动型和非互动型，以及中介型）时体现出的语言理解能力和语言表达能力。重点落在语言理解能力和语言表达能力上，如图 7 - 2 所示。

交际语言能力模型在 CSE 中是通过大体框架得以体现的。交际语言能力模型认为，语言能力可以由语言知识（包括组构知识和语用知识）以及语言策略所构成（Bachman，1990；Bachman & Palmer，1996），并通过生理和心理机制在具体的语言使用中加以实现。结合 CSE 的结构，不难看出语言知识（组构知识和语用知识）以及策略能力与交际语言能力模型极为契合，但出于描述的具象化考量，CSE 还分别从语言理解能力（听力能力和阅读能力）、语言表达能力（口语能力和写作能力）以及翻译能力（笔译和口译）进行具体的展开，对语言能力的分技能特征加以描述。

功能语言学理论亦是 CSE 的理论源泉。语言在具体使用中需要达到某种交际功能，而这种意义的传达和实现则需要依靠文本。如图 7 - 2 所示，无论是文本类型，还是话题分类，我们都可以依据文本的功能加以区分。

此处读者可能会存在疑惑，为何要使用功能进行描述，而不使用语言的典型活动进行能力描述呢？主要有两个原因：一是对于语言典型活动的定义可能因人而异、因地区而异。同人群，不同国家对哪些典型语言活动的理解和定义都是不一样的。欧洲国家的典型语言活动在中国可能就不那么典型了。二是使用典型活动进行描述会过多关注表面上的活动，而忽视了运用语言建构意义的能力。在中国国情下，最可能出现的问题就是课堂上只学量表里列出的活动，考试只考量表列出的活动,这就有挂一漏万的可能。

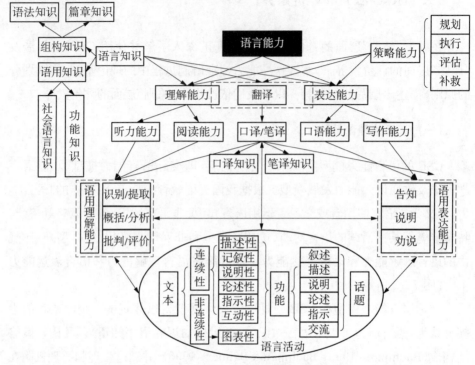

图 7‑2　《中国英语能力等级量表》的总体结构
(刘建达、吴莎,2019)

此外,CSE 的第三个理论基础就是语言认知发展模型。如何通过认知动词来体现语言能力发展的级别差异? 如何运用不同级别的认知动词来体现认知的复杂程度变化? 在 CSE 研制过程中,特别是在语言理解能力的研制中充分借鉴了语言认知发展模型,即基础等级的描述语往往伴随着较为基本的认知动词,不涉及较为复杂的认知加工过程。相反,提高阶段和熟练阶段的描述语则经常伴有较为复杂的认知动词,需要在"识别""提取"等基础上,进行"概括""分析",甚至是"评价""批判"(见图 7‑2)。

(二) 等级划分的依据

如本章第一节所述,根据 CSE 研制过程中的工作等级,中国英语学习者和使用者的英语语言能力从低到高分为九个等级。在最终颁布的版本中,1—3 级处于基础阶段,4—6 级属于提高阶段,7—9 级属于熟练阶段。在各参数下的语言能力描述中,较高等级描述语描述的能力包含较低等级描述的能力,也就是说在低等级中描述的能力在高等级中就自然包括了。

基础阶段(1—3级)要求学习者和使用者能在常见、熟悉的语境中就日常活动和熟悉话题进行简单的语言交流。能理解日常生活中熟悉的简单语言材料。能在日常生活或一般社交场合中就熟悉的话题或身边的事物用简单的语言进行交流。

提高阶段(4—6级)要求学习者和使用者能在日常生活、社会、教育、工作等熟悉或不熟悉的语境中就更广泛的话题进行语言交流。能在不同场合中理解多种话题的语言材料。能参与多种话题的交流和讨论,有效地实现交际目的。

熟练阶段(7—9级)要求学习者和使用者在从一般到专业的各种情境中就个人、社会、教育、工作等领域的多种话题进行准确、有效、得体、流利的交流。能准确理解不同体裁和话题的语言材料。能在多种场合使用不同策略就不同话题进行深入的沟通和交流,很好地达到交际目的。

(三) 描述语的结构

如上所述,《中国英语能力等级量表》的描述语以"能做"的格式进行撰写。每条描述语包括三个主要部分:

(1) 行为:语言活动本身;

(2) 标准:语言行为要达到的质量标准;

(3) 语境:任何外部的语境。

在撰写和修改描述语时,有三条基本原则:①每条描述语只包含一个行为;②对语言活动及策略类进行描述时,用"肯定的句式来表达;③尽量避免使用模糊的词语或是表达,如"一些""大量""相当"等。

综合以上"原则"层面的测评素养,我们也可以总结一下 CSE 在理论基础方面的创新之处。

第一个创新之处:在核心的语言能力部分,强调了语言学习过程中认知能力的发展。CSE 将语言学习中的认知能力分为识别提取、概括分析、批判评价三个层级。那为什么要强调认知呢?因为语言学习的过程也是思维培养的过程,在过去的考试中,过多地强调机械记忆,记忆位于认知能力最低发展层级。要加强对学生语言能力的培养,需要加强的是高层认知能力的培养,也就是分析能力、批判能力和创造能力。因此,量表通过对"理解和表达意义"背后的各种

"典型认知行为"加以描述,引导教师注重语言学习过程中思维能力的培养和测评。

第二个创新之处:CSE以运用为导向,强调语言使用。根据功能语言学理论,一切语言活动都以文本形式呈现,文本(语篇)是内容的载体,是意义建构的行为,是做事的方法,是实现语言功能的手段,也是语言交流的结果,任何语言活动都离不开文本。文本既可以是静态的,也可以是动态的。按动态过程,所有的语言能力描述语都是按照可描述、叙述、说明、论述、指示、互动六种功能进行分类的。

第三个创新之处:构建了语用能力量表。语言使用者的语言能力表现可从准确性和得体性进行评价,准确性关乎语法能力,而得体性涉及语用能力。我们中国人说英语经常会被英语母语人士认为不懂礼貌,这并不是因为我们中国人英语不好,而是语言得体性差,这点也在我们的考试中经常被忽视。语言运用是否得体直接影响交际效果,通过构建语用能力量表,可以引导外语教学和测试加强对语用能力的培养。

三、"实践"层面的评价素养

除了CSE所带来的"环境"和"原则"层面的测评素养,教师们在最终使用CSE时还需要掌握其"实践"层面的评价素养。这个方面包括CSE在教学和测评中的具体运用方法、CSE对测评的作用和意义、量表验证的效度等。由于"实践"层面的内容众多,本节选取CSE在考试中的应用作为突破口,试举两例来说明"实践"层面的评价素养。

(一) CSE 对英语测评的作用和意义

CSE对我国英语考试在考试构念、考试内容和形式、等级划分、成绩使用等方面的改革提供参考,有助于梳理、整合我国现有的各类英语考试及开发新考试,也能帮助并指导考试组织者制定科学合理的考试目标和能力要求,使各级各类考试有统一的能力标准,提高考试的质量。CSE不仅能为不同类型的考试提供横向比较的基础,也能为不同层次的考试提供纵向定位和衔接的依据,使不同考试的成绩具有可比性,促进各种学习成果沟通互认,促进各阶段英语教学和考试的有序衔接。

比如,CSE 将有利于推动高考英语考试改革。量表在"面向综合语言运用能力"原则的指导下,提出了进一步改善和提高交际能力的要求,使高考考查的能力更全面;量表为高考命题机构提供统一的能力标准,使各类试卷有一个对比的基础;高考与量表进行衔接、定位后,每次考试之间的分数之间具有可比性,有利于基础英语教学立足于学生听、说、读、写、看等各方面能力,促进学生全面协同发展。

此外,CSE 能把我国现有的英语考试置于同一个标尺上,为新开发各级各类考试提供统一的尺度,也有助于我国的英语考试走向国际。随着各种考试的科学化和标准化,我国各类英语考试的结果会逐步得到国际社会的认可,为我国出国学习者提供英语水平依据。

考试科学化、一年多考的实施都离不开题库的建设,涉及材料征集、命题、试测、实证数据分析、等值、入库等多个步骤,每个步骤均可参照量表来统一标准,以确保试题质量和考试公平。

(二) CSE 在成绩报告中的应用

我国的英语类考试大多采用分数的方式来报告成绩,但简单的分数报告已经无法具体体现考试的作用,可承载的信息也极为有限。基于 CSE 的分数报告不仅可以有效地反映考生的成绩,也有利于用人单位更好地了解分数的具体含义。基于量表的分数报告不局限于简单的分数汇报,还可以将更为丰富的信息反馈给考生。

比如,正在研发中的国家英语能力等级考试成绩报告将基于 CSE,同时也提供常模参照和标准参照的分数和解释,并针对考生、试题开发人员、学校、各级教育主管部门等相关人员提供个体的成绩报告和总体的考试报告,也可对考生个体提供分项成绩报告,对其他用户提供相应范围的历时和共时考试报告。更重要的是,在一年两次或者多次考试的背景下,可以向考生提供一定程度的诊断报告。

基于 CSE 的考试成绩报告具体内容可包括:考生经过等值转换的成绩;与别的考生相比,考生在群体中所处的位置,例如百分等级;考试分数所代表的水平;获得某个分数的考生"能做什么";带诊断性的分数报告,例如分项分数和基于分项分数的能力分布图和剖面图,描绘考生的长处和不足等。

以上这些"实践"层面的测评素养将对 CSE 的真正落实起到极大的推动作

用。当然，对于不同的考试利益相关方而言，如考试开发者和语言测试研究人员、教育管理者、用人单位的决策者、一线教师、学生和家长，他们针对量表在"环境""原则"以及"实践"层面的测评素养的掌握程度有所不同。下一节将具体探讨在 CSE 指导下语言测评素养对不同利益相关方的有关要求。

第三节　《中国英语能力等级量表》
指导下的语言测评素养

如本书前几章所提到，语言测评素养发展到今天，已经从单一的素养发展内容转变到了不同利益相关方所需要掌握的不同素养发展内容。因此，对于 CSE 指导下的语言测评素养，不同的利益相关方也应区别对待。从本章第二节的分析来看，落实好 CSE 要从四个方面来培养测评素养，即量表研制的背景、量表的理论基础、量表的研制方法以及量表的应用建议。前两个方面分别对应前文所述的"环境"和"原则"层面的内容，后两个方面均属于"实践"层面的内容。

图 7-3 以雷达图的形式呈现了不同利益相关方对于 CSE 所需要具备的不同测评素养。对于考试开发者和语言测试研究人员而言，有关 CSE 方方面面的知识均需要掌握。特别值得指出的是，这一群体由于是考试的"裁判员"和"研究

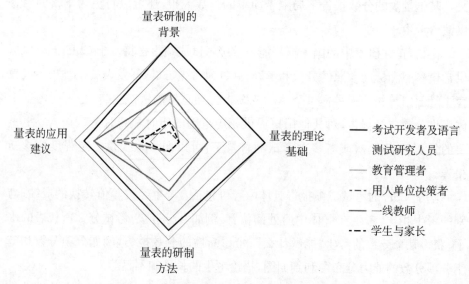

图 7-3　利益相关方对 CSE 测评素养的掌握程度

者",因此需要具备相当程度的理论基础,以便在 CSE 的研制方面具备再复制的能力。总而言之,考试开发和语言测试研究人员(包括考试研究领域的硕士和博士研究生)所应具备的测评素养位于雷达图的最外延,涵盖面最广。

对教育管理者和用人单位的决策者而言,这两个群体虽然不需要对 CSE 研制的过程及其理论基础有深刻的了解,但应该对 CSE 研制的社会背景及意义,以及 CSE 的应用有所认知。特别值得指出的是,由于这两个群体会直接参与 CSE 相关考试的成绩使用以及相关决策,他们应该对如何应用量表、量表起到的作用等有着较高程度的了解。

一线教师既是教育工作者,从某种程度上而言也是研究人员。虽然对 CSE "原则"层面的测评素养不需要有与语言测试研究人员相当的要求,但是也应学习、掌握并在一定程度下内化为自身教学的指导思想与科研的理论源泉。由于 CSE 研制过程的复杂性和较高的技术要求,一线教师可以对 CSE 是如何而来的有所认识,但是具体的过程可以作为次要的学习内容。

最后是学生和家长这一群体,也是 CSE 指导下语言测评素养要求最低的一个群体。这一群体至少要了解 CSE 是什么、可以指导什么等这些最为基础的内容。然而不容忽视的是,从学生和家长的角度来看,他们应该对 CSE 的应用建议,即部分"实践"层面的测评素养有所了解。例如,学生应该对不同级别的考生能够听懂什么样的听力材料有粗略的了解等。这些测评素养的普及很大程度上也需要依靠一线教师的力量。

第八章 构建《高校英语教师语言测评素养量表》

在前几章介绍和论述的基础上,本章结合我国高校英语教育的实际情况,提出高校英语教师语言测评素养的量表。就结构而言,这一量表由多个部分组成,并通过教师的自我评估可以得到其测评素养的概貌。此外,这一量表通过专家评判和定量效度验证,具备了一定的构念效度和可操作性。

第一节 构建测评素养量表的原则与考量

通过与第五章国外语言测评素养量表之间的对比,我们可以发现国外的量表基本是从一些教师的准入标准或是教育工作者的规范中提炼而成的。在这些标准中,既有与教育息息相关的,也有与教育测评相联系的。然而,我国的教师准入标准往往与学历、教师道德品质等有关,与测评相关的内容几乎为零。因此,我们无法从我国现有的标准性文件中去提取有关的内容,进而开发测评素养量表。鉴于此,笔者认为,我们可以在借鉴国外有关教师资格或准入标准,以及现有测评素养量表的基础上,构建具备我国特色、符合我国国情的语言测评素养量表。当然,在具体的实施过程中,我们还需要从以下三个方面的原则来思考并加以贯彻。

第一,就高等教育阶段而言,由于英语教师从事不同类型的教学任务和测评工作,我们首先应该将高校英语教师加以分组,并在语言测评素养表中对这些不同的群体提出不同的要求。第一组人群是语言测评研究人员。在高校中,这类人群相对较少,主要是指专业从事语言测评研究的学者、研究生等。从2019年刚成立的中国英汉语言对比研究会下设的语言测试专业委员会会员数量来看,全国范围内从事英语和汉语测试研究的人员仅400人左右。第二组人群是专业命题人员。这类人群相对第一组人群而言，投入科研的精力和时间相对较少，主要从事一定规模的、高利害或高风险考试的命题，可谓是专业的命题人员。第三组人群是一线的英语教师，也是高等教育中体量最大的一类人群，主要是指专业从事高等教育阶段英语教学的教师。当然，就目前我国的高等教育英语教学现状而言，又可以大致将该群体分为大学本科英语专业教师、大学本科非英语专业教师以及大学研究生非英语专业教师这三组。第四组人群是高等院校的管理层人员，其中包括高校及其相关院系负责人、高校招生部门负责人等，他们主要从事高等教育阶段与考试有关的决策和管理等工作。当然，值得指出的是，就一个自然人而言，其可能兼备以上几组人群中的角色，但就主要工作或工作重点而言，我们可以相对地将其划归到一类人群之中。例如，一所高校外语学院的院长既是一名从事考试命题的人员，也是一名一线的英语教师，又是一名教育工作管理者。由于其涉及更多的是行政工作，因此较为合适他的分组应该是第四组，即高等院校的管理层人员。因此，构建《高校英语教师测评素养量表》，所针对的群体就是以上四类人群。需要特别说明的是，在我国，另外一个考试使用的群体是用人单位的管理层，他们主要从事招聘、评估雇员的决策以及其他的管理工作。但是，由于本研究主要涉及高校英语教师的测评素养，因此暂不对这一群体加以研究。

第二，由于我国的教育资源仍存在分布不均衡的问题，高校英语教师的语言测评素养现状是构建语言测评素养量表的依据之一。应该指出，部分经济发达地区、优质教育资源集中地域高校英语教师的语言测评素养相对较高。主要原因是这些高校的英语教师有更多接触命题实践的机会，能够不断地通过命题实践来增强自我的语言测评素养。另外，这些高校的英语教师面向的是生源质量较高的学生群体，因此这类学生群体也反过来促使英语教师具备较高程度的语言测评素养。相比较而言，地处我国经济相对欠发达地区的高校英语教师在内动力和外动力方面均有所落后。因此，在短时间内，我们无法让高校英语教师的测评素养快速地进入到发展成熟的阶段，但是高校英语教师的测评素养现状将给本研究提供一个较为可靠的起点，我们可通过运用测评素养量表来推动我国高校英语教师的语言测评素养，从真正意义上做到语言测评素养的大规模提升和均衡化。

第三，构建《高校英语教师语言测评素养量表》，从量表呈现的形式上要满足高校教师进行自我评估的可行性和可操作性要求，并对量表所呈现出的诊断问题推送切实有效的学习材料,实现不同群体在职接受继续教育的目的。就量表的形式而言,我们提出使用五级量表的自评方案。这五个级别也正好可以对应皮尔与哈丁(Pill & Harding,2013)的相关研究。语言测评素养的五个层次中(分别用 0—4 来表示):"0"为无素养(illiteracy),指对语言评估某一方面的知识一窍不通;"1"为入门级素养(nominal literacy),指基本掌握测评领域的有关概念,但仍存在误解或一知半解的现象;"2"为功能性素养(functional literacy),指较好掌握有关语言测评素养的知识和技能;"3"为程序性/概念性素养(procedural and conceptual literacy),指熟知重要的有关语言测评素养的知识和方法;"4"为多维度素养(multidimensional literacy),即对语言评估的核心内容以及其他有关知识都能熟练掌握。这样,高校英语教师就可以通过量表的不同维度来得到自我测评素养的全貌。此外,从呈现形式来看,由于高校英语教师的在职培训时间宝贵,因此我们提出使用手机客户端,即通过 APP 的形式进行自我评估,这样就解决了测评素养量表无法有效使用这一问题。教师通过自评后,我们可以有针对性地推送一定的学习资料,并通过其学习时间的累加以及平台互动的活跃度来更好地帮助他们提升语言测评素养。

第二节　《高校英语教师语言测评素养量表》的开发与验证

本节将具体说明构建《高校英语教师语言测评素养量表》(本节中简称为"量表")的开发与验证环节。具体而言,本节首先说明开发该量表的总体过程,呈现量表的全貌,并报道量表验证过程中的一些具体数据和研究发现。

一、研究方法

本量表的开发主要经历了三个阶段,如图 8-1 所示。第一阶段是量表的初稿形成阶段。本研究收集了大量的国外教师教育标准、教师准入标准、语言测评素养量表等文献,并通过文献分析的方式提炼出了部分适合我国国情的高校英语教师测评素养量表的描述语,并通过"能做"描述的方式对描述语逐条加以改写。

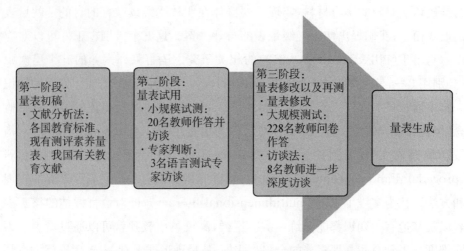

图 8-1　《高校英语教师语言测评素养量表》开发的流程

　　第二阶段是量表的试用阶段。我们需要通过一定量的小样本来考查这一量表在测评素养的自评效度、措辞清晰度、使用友好性等指标上的表现，并依据这些表现来确定下一步的修改目标。具体来说，第二阶段主要分为两个步骤：第一步是小规模的试测。本研究选取了 20 名高校英语教师，其中 10 名为主要教授本科非英语专业的教师，5 名为主要教授本科英语专业的教师，5 名为主要教授研究生非英语专业的教师。这 20 名教师同时又覆盖到了以上四个不同高校英语教师的人群分类，因此对量表的修改起到了很好的代表性作用。第二步是测试专家的专家判断。本研究邀请了我国大规模、高风险英语考试的 3 名负责人对本量表进行专家判断，并撰写了专家评判报告。

　　在第二阶段两个步骤的基础上，本研究在第三阶段中首先形成了问题清单，并结合有关量表在适用性、措辞、呈现形式等方面的意见与建议进一步对量表进行了改良。在第三阶段中，本研究通过"问卷星"的形式在 2018 年 12 月至 2019 年 1 月定向地向部分高校英语教师发放了该量表，并回收了 228 份有效的调查问卷。本研究对这 228 份作答数据进行了探索性因子分析的统计处理，提取出了 5 个不同的因子。此外，本研究进一步通过结构方程模型的方式，对这 5 个因子的内部关系加以梳理，得到了有关因子对测评素养的贡献度等。在这 228 份问卷中，本研究还选取了以上四个不同群体中的英语教师各 2 名，对其进行深度访谈，进一步了解量表使用的一些改进意见和建议。因此，本量表的生成是结合了定量和定性多种研究方法后而产生的结果。限于篇幅，下文仅描述第二阶段后所形成的量表内容和有关研究发现。

二、量表的结构和内容

通过小规模的试测和专家的评判,本研究在第二阶段中得出了以下的量表内容。从呈现形式来看,量表的左侧是有关"能做"描述的描述语(共 53 条),右侧是高校教师进行自我评价的区域。如上文所述,右侧的自评区域通过 0—4 的五级量表加以体现,如表 8-1 所示:

表 8-1　《高校英语教师语言测评素养量表》

请依据您平时所从事的有关工作,从以下选项中确定一项身份进行自评。如果您符合以下多种身份,则以您最为主要的身份为自评依据。
□语言测试研究人员
□专业命题人员
□一线英语教师
□高校管理层人员
请依据您对自己的实际情况进行自评。右侧的数字分别代表:
0:我的实际能力无法做到这条描述语的要求;
1:我的实际能力勉强可以达到这条描述语的要求,即仅为入门级别的达成;
2:我的实际能力可以做到这条描述语的要求,但做到的程度并不高或并不全面,即基本达成;
3:我的实际能力略微超过这条描述语的要求,即达到了较高的要求;
4:我的实际能力较大程度超过了这条描述语的要求,即达到了熟练的程度。

编号	测评素养自评描述语	0	1	2	3	4
01	我能理解英语的基本习得过程。					
02	我能理解语言的各项技能,如听、说、读、写、译等,是如何习得和发展的。					
03	我能运用英语考试的结果来指导我进行英语教学。					
04	我能运用英语考试的结果来监控学生的学习进展。					
05	我能运用英语考试的结果来评价学生不同阶段的表现。					
06	我能运用英语考试来诊断学生的优缺点。					
07	我能利用英语考试来激发学生对英语学习的热情。					
08	我能在平时英语教学中有效地让学生进行自评。					

（续表）

编号	测评素养自评描述语	0	1	2	3	4
09	我能在平时英语教学中有效地让学生进行互评。					
10	我能解读英语考试成绩与学生能力之间的关系。					
11	我能帮助学生在英语考试前进行备考。					
12	我能理解语言测评是如何影响教学材料的。					
13	我能理解语言测评是如何影响课程实际教学的。					
14	我能就英语考试成绩做出相应合理的决策。					
15	我能掌握如何与学生就考试成绩与决策进行沟通。					
16	我能就语言测评的有关内容来培训其他英语教师。					
17	我能判断某一英语考试的结果是否存在使用不当或者滥用的情况。					
18	我能就语言考试的结果向学生提供有价值的反馈信息。					
19	我能搜索有关资料来解释英语考试的结果。					
20	我能了解英语考试对社会产生的影响。					
21	我能掌握我国英语测试的发展历史。					
22	我能理解中国的社会价值观对英语考试设计与使用的影响。					
23	我能掌握语言能力的基本构念。					
24	我能掌握语言测试中信度的概念。					
25	我能掌握语言测试中效度的概念。					
26	我能解读英语考试及格线划分的依据。					
27	我能解读英语考试中的测量误差问题。					
28	我能掌握标准化考试的优劣所在。					
29	我能理解语言测试中的一些专业术语。					
30	我能知晓主流的语言能力描述框架，如 CEFR、ACTFL 或 CSE 等。					
31	我能知晓英语考试开发的各个阶段。					
32	我能掌握不同英语考试的考试目的，如水平测试、学业测试、诊断测试等。					
33	我能掌握不同类型的替代性测试，如档案袋评价、学习契约等。					

（续表）

编号	测评素养自评描述语	0	1	2	3	4
34	我能在英语考试大规模开考前先进行试测。					
35	我能合理恰当地选择现成的试题用于自己命制的英语考试。					
36	我能使用考试大纲来命制考题。					
37	我能掌握客观题（如多项选择题）的评分方法。					
38	我能掌握主观题（如简答题）的评分方法。					
39	我能选择合理恰当的各类评分标准。					
40	我能针对某一特定目的的考试选择恰当的考题或任务。					
41	我能培训评分员合理恰当地使用评分量表。					
42	我能命制高质量的英语考试考题或任务。					
43	我能培训其他教师命制高质量的英语考试考题或任务。					
44	我能使用统计手段来分析考试成绩的总体分布。					
45	我能使用统计手段来分析试题项目的质量。					
46	我能运用统计以外的手段（如问卷、访谈等）来分析考试的质量。					
47	我能分析某项考试是否存在就性别、种族等产生的偏误。					
48	我能认识到，我自己对语言测评的看法和态度。					
49	我能认识到，我自己对语言测评的态度影响了我自己的语言测评行为。					
50	我能认识到，我自己对语言测评的态度会与别人的态度不一样。					
51	我能认识到，我所具备的语言测评知识可以进一步得到丰富和发展。					
52	我能知晓国际上语言测试工作者的道德伦理要求。					
53	我能在自己的工作中遵守语言测试者的道德伦理。					

我对以上作答的信心有多大？（请在相应的位置画圈）

[_____]

0%　　10%　　20%　　30%　　40%　　50%　　60%　　70%　　80%　　90%　　100%

如表8-1所示，量表在结构上共分为四个组成部分。位于开头的是身份确定，即受试者需要确定自己以什么身份进行评判，这里的选项有4个，即①语言测试研究人员；②专业命题人员；③一线英语教师；④高校管理层人员。第二部分是自评说明,分别解释了自评过程中 0—4 这些数字所代表的意义。由于本量表是面向高校英语教师的,整体而言,这一群体具备一定的科研基础,因此对五级量表的形式并不陌生,也可以较为轻松地理解这些数字背后的意义和解读结果。第三部分则是量表的主题内容,一共呈现了 53 条与高校英语教师测评素养有关的描述语。第四部分是让高校教师针对自己以上的作答圈选自己的信心指数,体现自评人对自评的负责程度。

在第二阶段试测和专家评判的过程中,对于量表的修改意见都得到了较好的贯彻,而专家们也对量表进行了评价。总体而言,专家们认为量表具有以下两个方面的特点:

第一,量表基本融合了现有国外教师教育标准以及现有语言测评素养量表的一些精华内容,同时也体现了在中国这个教育背景下进行使用的本土化特色。比如,在量表中加入了《中国英语能力等级量表》的内容(如量表中第 30 条),体现了测评素养与中国本土语言能力标准之间的融合关系。又如,在测评受试者关于考试的社会属性时,问及了中国社会价值观对英语考试设计与使用的影响等(如量表中第 22 条)。因此,量表在兼具中外特点的同时,较为全面地涵盖了测评素养的各个维度,很大程度上具有较为理想的效度。

第二,量表从使用的角度而言,具备一定的可操作性。根据试测的情况来判断,一般完成整个量表的自评过程所需时长平均为 22 分钟,从认知负荷的角度而言符合一般心理测量的要求。另一个使用上的特色就是在量表结束作答后增加了一个问题,即对作答的信心指数。这不仅能让受试者自我报道作答的可靠性,也可以在一定程度上提高作答人的责任意识。鉴于这一量表是反复使用的,因此作答人也将不断增强自身的作答信心,进而不断努力提高语言测评素养。

三、量表的验证

这一部分主要呈现本研究第三节中量表效度的验证结果。首先,我们呈现本次研究的受试者情况以及其他有关数据分析的结果。然后,我们对 228 份有效问卷进行了主成分分析法的探索性因子分析,并对提取出的因子进行了归类和命名。接着,我们通过结构方程模型的方式进一步对因子之间的结构关系加以梳理,得到了较为理想的量表结构模型。

如图 8 - 2 所示,通过本研究相对定向的问卷方法,在 228 名的受试者中,超过一半的受试人群是一线的高校英语教师,占到总体的 61%;语言测试研究人员居于次位,占到受试者总体的 19%;剩下的两个人群相对较少,专业命题人员为 12%;高校的管理层人员仅为 8%。虽然不同群体的百分比有所差异,但是该比例分布相对合理,从一定程度上勾勒出我国高校中从事相应工作的人群比例。表 8-2 列出了不同人群在使用量表对自己的测评素养进行测评时所需要的时长。从总体上来看,平均每个受试者进行自评的时间约为 19.9 分钟。从不同群体的时长分布来看,一线教师和高校管理层人员所需时间较长,分别为 22.5 分钟和 21.2 分钟。从这里我们也可以初步看到,由于量表的措辞有一定的术语要求,长期从事语言测试研究和命题的人群在自评时作答的时间相对较短,但并没有极为明显的差异。表 8-3 列出了受试者自评后的自信程度。总体上,受试者的信心程度接近 90%,不同群体之间的差异极小。

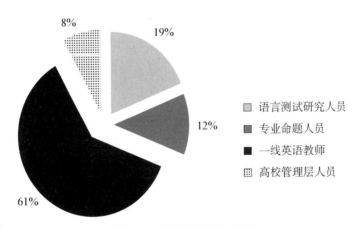

图 8-2　受试者的群体分布

表 8-2　受试者作答的时长统计

受试人群	自评时长
语言测试研究人员	18.8 分钟
专业命题人员	19.3 分钟
一线英语教师	22.5 分钟
高校管理层人员	21.2 分钟
总体	19.9 分钟

表 8-3　受试者作答的信心程度

受试人群	信心程度
语言测试研究人员	92%
专业命题人员	91%
一线英语教师	88%
高校管理层人员	86%
总体	89%

　　在正式进入探索性因子分析之前,我们有必要先对作答数据是否可以用于因子分析作出检验。从表 8-4 中可以得出,作答数据的 KMO 值为 0.798(0.7 <KMO<0.8 说明较为适合),Bartlett 球体测试结果显著度为 0.000(<0.01),这都说明数据较为符合因子分析的数据处理要求。通过主成分分析法,我们得到了可提取因子后的量表项目共同性(communalities),如表 8-5 所示。一般而言,共同性大于 0.5 的基本是比较理想的量表项目,说明其较多的方差可以被潜在因子解释掉。从表 8-5 的结果来看,所有的 52 个项目中仅有两项(第 36 项和第 47 项)的结果是小于 0.5 的。其中的问题可能是这两项的措辞因素,但由于数值仍较接近 0.5,因此我们仍将其纳入下一步的因子斜交旋转之中。

表 8-4　作答数据的 KMO 和 Bartlett 球体测试结果

KMO and Bartlett's Test		
Kaiser-Meyer-Olkin Measure of Sampling Adequacy.		.798
Bartlett's Test of Sphericity	Approx. Chi-Square	8.276E3
	df	120
	Sig.	.000

表 8-5　提取因子后的共同性数据(未旋转)

序号	方差提取	序号	方差提取
01	.713	04	.528
02	.649	05	.615
03	.548	06	.614

（续表）

序号	方差提取	序号	方差提取
07	.578	30	.582
08	.590	31	.721
09	.581	32	.545
10	.523	33	.588
11	.595	34	.610
12	.613	35	.661
13	.517	36	.423
14	.750	37	.715
15	.758	38	.673
16	.515	39	.723
17	.650	40	.710
18	.671	41	.658
19	.790	42	.615
20	.842	43	.671
21	.882	44	.750
22	.891	45	.759
23	.765	46	.615
24	.736	47	.455
25	.623	48	.667
26	.521	49	.894
27	.563	50	.635
28	.819	51	.546
29	.684	52	.813

　　通过斜交旋转,表8-6列出了量表中各条描述语被潜在因子所解释掉的方差,即描述语对每个潜在因子的贡献度。表8-6隐去了因子负荷在0.3以下的数值。从表中可以得出:通过斜交旋转,我们一共可以提取出5个潜在因子,对因子一的负荷大于0.3的量表描述语为第1—13项,对因子二的负荷大于0.3的量表描述语为第14—21项,对因子三的负荷大于0.3的量表描述语为第

22—33 项,对因子四的负荷大于 0.3 的量表描述语为第 34—47 项,对因子五的负荷大于 0.3 的量表描述语为第 48—52 项。五个因子共可以解释 71.78% 的方差。

表 8-6　因子旋转后的结果

量表描述语编号	潜 在 因 子				
	1	2	3	4	5
01	.523				
02	.597				
03	.509				
04	.319				
05	.594				
06	.556				
07	.308				
08	.314				
09	.750				
10	.752				
11	.522				
12	.431				
13	.514				
14		.578			
15		.590			
16		.381			
17		.523			
18		.595			
19		.413			
20		.517			
21		.750			
22			.758		
23			.515		
24			.650		

（续表）

量表描述语编号	潜在因子				
	1	2	3	4	5
25			.671		
26			.839		
27			.788		
28			.614		
29			.578		
30			.333		
31			.581		
32			.523		
33			.321		
34				.444	
35				.315	
36			.321	.373	
37				.323	
38				.410	
39				.558	
40				.515	
41				.571	
42				.550	
43				.459	
44				.431	
45				.331	
46				.354	
47			.319	.512	
48					.349
49					.335
50					.346
51					.413
52					.447

（续表）

量表描述语编号	潜 在 因 子				
	1	2	3	4	5
Eigenvalue	8.73	3.69	1.52	1.04	1.01
Variance explained（%）	44.21	12.56	10.01	2.85	2.15
Accumulated variance explained（%）	44.21	56.77	66.78	69.63	71.78

值得指出的是,第36项和第47项(表中阴影部分)存在跨因子的现象,与表8-5的结果一致。本研究基于因子负荷的数值及其相应的解释力,暂将这两项分别归入因子三和因子四的范畴。

表8-7列出了因子旋转后的相关矩阵。从表中可以看出,五个因子之间不存在显著意义的相关性,说明因子的独立性较为理想。但是也可以看到,因子三和因子四的相关系数达到0.302,是其中相关度最高的。我们接下来进一步将这五个因子分为五个不同的维度,共同构成语言测评素养。根据量表中描述语的内容,我们对这些因子加以命名,具体如下:

因子一(第01—13项):英语考试与英语教学实践(D1);

因子二(第14—22项):英语考试结果与考试使用(D2);

因子三(第23—33项):语言测试的基本原理(D3);

因子四(第34—47项):命题技巧与测试方法(D4);

因子五(第48—53项):语言测试的道德伦理及对语言测试的态度(D5)。

表8-7　提取因子的相关矩阵

	因子一	因子二	因子三	因子四	因子五
因子一	1.000	.238	.271	.298	.101
因子二		1.000	.188	.246	.169
因子三			1.000	.302	.211
因子四				1.000	.143
因子五					1.000

Extraction Method：Principal Component Analysis.
Rotation Method：Promax with Kaiser Normalization.

从因子的名称来看,因子三和因子四虽然分别是"基本原理"和"技巧与方法",但是从内容层面上来看还是很难做到完全的泾渭分明,这也可以从一定程度上解释前文研究发现中跨因子现象和因子相关系数略高的情况。

通过路径分析,我们也进一步得到了一阶模型后的改良模型,如图8-3所示。在一阶模型中,五个因子对量表的整体构念(即语言测评素养)均有解释力。但是由于因子三和因子四的相关度较高,当我们在这两个因子之间建立协方差后,结构模型的拟合度指标更为理想,也与实际的解释力更为相符。由图8-3可以得出:在语言测评素养这个构念下,五个因子均发挥了作用,并且因子二和因子三均存在相关的协方差因素。

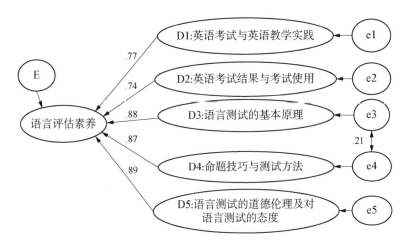

图8-3　修正后的《高校英语教师语言测评素养量表》结构模型

表8-8列出了修正模型的拟合度指标。从这些指标中,我们可以看出,该模型的拟合度数值均满足稳定、可解释模型的一般要求。具体而言,GFI、AGFI、TLI、NFI 的值均接近于1(1 表示完全拟合)。RMSEA 值(0.07)控制在可接受区间 0.05 至 0.08 之间。PNFI 值为 0.10,与完全拟合值 0 也极为接近。说明建立协方差后的修正模型拟合度较为理想。

表8-8　修正模型的拟合度指标

指标名称	拟合度数值
Goodness-of-fit index（GFI）	0.99
Adjusted GFI（AGFI）	0.96

(续表)

指标名称	拟合度数值
Root-mean square residual(RMR)	0.01
Root-mean-square error of approximation (RMSEA)	0.07
Tucker-Lewis Index (TLI)	0.99
Normed fit index (NFI)	0.99
Parsimony fit index (PNFI)	0.10

表 8-9 列出了修正模型的路径分析结果。从各个因子对测评素养的贡献负荷来看,五个因子均有 0.7 以上的贡献度,并且每个因子的测量误差基本控制在 0.5 以下。不过 e2 的误差值达到了 1.32,虽然比其他几个因子的误差值高,但仍处于可接受的区间内。此外,e2 和 e3 之间的协方差测量误差为 0.21,说明两者虽有测量中的交互成分,但因子与因子之间的交互测量误差仍较低。因此,从路径分析的结果来看,我们可以初步将本模型方程记为:

$$语言测评素养 = 0.77D1 + 0.74D2 + 0.88D3 + 0.87D4 + 0.89D5 + E$$

表 8-9 修正模型的路径分析结果

路径分析结果	负荷值或误差
英语考试结果与考试使用→素养	0.74
命题技巧与测试方法→素养	0.87
语言测试的基本原理→素养	0.88
英语考试与英语教学实践→素养	0.77
语言测试伦理→素养	0.89
e1	0.33
e2	1.32
e3	0.46
e4	0.01
e5	0.02
E	0.33
e2←→e3	0.21

如上文所述,本研究在设计之初就包括了四类不同的人群。由于分布不均衡的原因,较少参与受试的人群在呈现群体特征时就显得较为困难。因此,下文主要呈现两类受试人数较多的人群:一线英语教师和语言测试研究人员。我们将以上的结构方程模型应用于以上两个群体,得到了以下的研究发现。

将模型运用到一线英语教师的数据中,我们得到了拟合度指标基本达标的结果,并且模型结构方程可以如下表述:

语言测评素养(一线英语教师) $= 0.88D1 + 0.45D2 + 0.80D3 + 0.82D4 + 0.31D5 + E_1$

同样,如果我们将该模型运用到测试研究人员的数据中,则可以得到如下的结构方程:

语言测评素养(测试研究人员) $= 0.75D1 + 0.87D2 + 0.91D3 + 0.90D4 + 0.90D5 + E_2$

比较这两个结构方程,不难看出两个群体在不同因子上的负荷,即维度系数有所不同。比如,就D2(英语考试结果与考试使用)而言,一线英语教师的数据表明,这一因子对测评素养的贡献度为 0.45,而测试研究人员这一群体在这一因子上的贡献度相对较高(0.87)。这些不同维度的数据正好形成了不同人群的概貌。今后通过大数据的收集和对比,我们可以进一步得出中国高校英语教师中不同人群的语言测评素养概貌,为教师个体在完成自评后进行对比提供基础数据。

第三节　《高校英语教师语言测评素养量表》的应用

上述两节具体说明了量表的开发和验证过程,并呈现了本量表的总体概貌。本节将具体阐述高校英语教师的各个群体在运用以上量表进行自我评价后的语言测评素养概貌(language assessment literacy profile)。为此,基于以上研究,本研究专门开发了可应用于手机移动端的APP。这款APP的功能之一就是《高校英语教师语言测评素养量表》的应用。教师在登录后,可以首先跳转到语言测评素养的自评界面,对自身的语言测评素养进行自评,而后得到以下的诊断报告,如图 8-4 所示:

如图 8-4 所示,英语教师在完成 APP 上的诊断后会收到自动生成的诊断

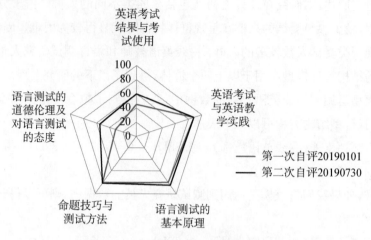

图 8-4　语言测评素养的诊断报告(一)

报告。报告的主体内容是以雷达图呈现的,其中包括本研究中语言测评素养所提取的五个因子。英语教师可以直观地看到自身的薄弱环节。在图 8-4 中,这名教师在 2019 年 1 月 1 日进行自评的结果已经标出。不难发现,这名教师的薄弱环节在于"英语考试结果与考试使用"以及"语言测试的道德伦理及对语言测试的态度"。同样,在 2019 年 7 月 30 日,这名教师又一次进行了自评,显然第二次自评的结果表明了其在以上两个薄弱环节上有所进步,但是离雷达图的外围仍有一定的差距。

图 8-5 是教师语言测评素养报告的第二部分,也是通过雷达图的形式来呈现教师本次自评结果与所在群体的平均水平的对比。对比发现看,该名教师的语言测评素养总体上还是在高校一线英语教师这个群体的平均水平之上,但部分维度仍有进步的空间。

此外,这款 APP 还将根据诊断报告的内容及时推送有关的学习材料,让高校教师针对自己在语言测评素养各个维度上的薄弱环节加以学习。APP 在线学习本身具有众多优势,如记录学习时长、记录在线讨论和参与度,因此,在达到一定学习量的基础上,APP 将再次自动提示教师进行新一轮的语言测评素养自评,并将新的结果与历时的自评结果加以比对,找出个体教师进步的维度以及个体教师在整个群体中的相对位置。

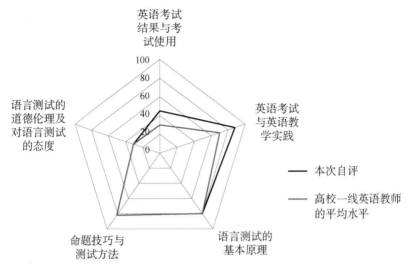

图 8-5 语言测评素养的诊断报告(二)

第九章　语言测评素养的常态化培养与提升

2018 年教育部颁布了《教育信息化 2.0 行动计划》。作为教师教育的重要组成部分,语言测评素养在信息化的浪潮中也有其独特的地位和作用。这一章主要阐述了语言测评素养量表的应用。出于语言测评素养常态化培养和提升的考量,本书提出将量表嵌入到手机移动端 APP 之中,并通过高校教师的自评结果使他们认识到自身的薄弱环节。基于本书的研究成果,我们研发了提升语言测评素养的 APP,名为 I Love Language Assessment Literacy(简称 iLAL)。该APP 的设计包含了量表自评、知识版块、互动讨论等专区,为语言测评素养的培养和提升提供了长效机制。基于 APP 所形成的大数据,本书也提出了今后进一步进行语言测评素养提升的研究课题等。

第一节　提升语言测评素养的途径与机制

《国家中长期教育改革和发展规划纲要(2010—2020 年)》把教育信息化纳入了国家信息化发展的整体战略,提出"信息技术对教育发展具有革命性影响,必须予以高度重视"。在这十年间,诸如《教育信息化十年发展规划(2011—2010年)》《关于中央部门所属高校深化教育教学改革的指导意见》《教育信息化"十三五"规划》(2016)《2017 年教育信息化工作要点》(2017)、《教育部 2018 年工作要点》(2018)等各项教育规划都将信息技术纳入了重点部署范畴,以实现教育技术与教育教学的深度融合(王娜,2018)。然而,从"信息技术与课程整合"(2001)到"信息技术与教育深度融合"(2012),我国教育信息化在经历了一次革命性飞跃的同时,同样面临着前所未有的困境(张刚要,2018)。2017 年 1 月,由教育部印发的《国家教育事业发展"十三五"规划》(简称《规划》)提出我国教育改革历程中尚不能完全适应人的全面发展和经济社会发展需求的突出问题,其中包括我国教师队伍素质和结构不能适应提升质量与促进公平的新要求;学校办学活力不强;举办教育的法律制度和政策体系不够完善;多方参与教育治理和评价的体制机制还不健全;教育对外开放的水平不够高以及教育优先发展地位需进一步巩固等问题。同时提出了完善教育质量标准、评价体系和质量检测制度,构筑质量保障体系,大力推进教育信息化,推动"互联网＋教育"新业态发展。其中,外语教育信息化是我国教育信息化发展的重要组成部分,历经了计算机辅助外语教学、计算机网络技术支撑外语教学、网络信息技术与外语课程整合等不同阶段,为信息技术与外语教学深度融合打下了良好的基础(王守仁,2017;王娜,2018)。然而,面对发展相对滞后的语言测评素养现状,如何在信息技术背景下优化生存、持续发展,是当下语言测评素养话题研究急需解决的实际问题。

一、信息化技术下的语言测评素养

2012 年 3 月,教育部发布了"关于印发《教育信息化十年发展规划(2011—2020)》的通知"(简称"通知"),"通知"指出以教育信息化带动教育现代化是我国教育事业发展的战略选择,并提出了教育信息化的两个主要发展任务:其一,"通过优质数字化教育资源共建共享、信息技术与教育全面深度融合,促进教育教学和管理创新,助力破解教育改革和发展的难点问题,促进教育公平,提高教育质量,建设学习型社会"。其二,"通过建设信息化公共支撑环境、增强队伍能力、创新体制机制,解决教育信息化发展的重点问题,实现教育信息化可持续发展"。毋庸置疑,外语教育信息化技术是我国教育信息化发展的重要组成部分,而教师队伍的测评素养发展又是我国教育事业发展的核心。目前,在信息化技术和"互联网＋"的推动下,测评素养将如何顺势而为?

2017 年 1 月,由教育部印发的《国家教育事业发展"十三五"规划》(简称《规划》)指出:有效发展教育,构建现代教育体系,建设学习型社会,培养大批创新人才,已成为人类共同面临的重大课题和应对诸多复杂挑战、实现可持续发展的关键。外语教育学主要涉及外语课程研究、教材研究、传授研究、学习研究、测评研究、教师研究和教育技术研究七大领域的实施,其中外语教师和外语教育技术是实施阶段其他五大研究领域的重要影响因素(李民,2018)。应当通过"互联网＋教育"提升发展相对滞后的教师测评素养,以实现教师队伍素质的提升和评价体系的健全,在为 21 世纪的教师测评素养打下良好基础的同时,为 22 世纪外语人才培养、教师素养提升以及测评学科完善做好充分准备。然而,就目前测评素养研究和发展现状来看,历经近七十年的发展历程,从酝酿、萌芽、术语演变、内涵构建、主体迁移,国际测评素养研究主要聚焦如何平衡标准化测试和课堂测评、什么群体应该掌握测评素养、不同的利益相关群体分别应达到何种测评素养水平、测评素养内涵应如何界定等问题,其中依然存在概念界定不清、利益相关群体界定不明等问题。目前我国测评素养的研究尚显单薄,研究范式驳杂而不集中。金艳(2018)指出,我国语言评价素养仍处于一个"盲人摸象"的探索阶段,缺乏对教师评价能力发展的理论研究和实践探索的指导性框架,尚未形成在相关教师资格认证上对教师评价能力的要求。然而,信息化背景下的测评在尚未发展成熟的情况下被赋予了新的时代内涵。"以信息技术为媒介的语言交际"已经成为当今社会生活中频繁发生的语言活动。在界定基于计算机或网络的考试构念时,应该采用局部构念理论(local construct),将"信息化环境下的语言交际能力"作为测试目标,形成一个包含语言使用环境的完整构念(金艳,2018)。

换言之,采用局部构念定义之后,计算机应用素养应被视为测试构念的一部分,而不再是干扰因素,同时弱化了信息技术的工具性特征。为确保测评素养的长足发展,信息化背景下的测评素养能力包含了信息素养能力和测评素养能力两个维度,包括其构念、应用及研究范式都将在信息技术的平台下发生变化。因此,我们认为,在解决测评素养信息化问题上,针对其构念亟待解决的问题,应考虑以下三点:①有效区分学习文化、考试文化和测评文化;②我国国情决定了英语作为外语的"中介性";③课堂测评与标准化测评的平衡问题等,并在此基础上形成信息化技术下的测评素养研究理念。

二、信息化技术下的发展挑战

信息技术是物化形态技术与智能形态技术的协同利用,具有智能化、数字化、网络化、个人化、多媒体化的特征(Levy, et al., 2006;Zacharia, et al., 2006;陈坚林,2010;丁新,2008)。《中小学教师信息技术应用能力标准(试行)》(2014)提出中小学教师优化课堂教学和转变学习方式的技术素养的基础性和发展性要求,体现了信息技术与教学深度融合的要求。未来课堂是大数据下"互联网+"背景下的课堂,集成多种现代科学技术的增强型教室,是云端教室(刘智明,2018)。然而,面对势不可挡的挑战,是否所有利益相关群体都已经作好了充分准备? 研究者从不同维度探讨了当前面临的问题。信息化,体现的是大数据,而大数据体现的是容量(Volume)大、种类(Variety)多、速度(Velocity)快、价值(Value)高,俗称 4V 特征(Mayer-Schonberger,2012;陈坚林,2012)。因此,要真正实现信息化技术,陈冰冰(2008)从三个维度提出了教师的自主能力培养:①教师需要知道如何将计算机网络作为工具去获取新知识,即用好"活书";②教师需要知道计算机网络的基本功能与学生的学习之间可能存在哪些关系,即选好资源;③教师需要利用他们所了解的关于学生学习的知识和关于技术的知识,去设计、管理、维持以学生为中心的多维的学习环境,即学会信息化教学方式,设计好虚拟教学环境。

梅德明(2015)指出"大数据和云计划使追求'全样本'数据而非'采样本'数据成为现实,使追求数据的'混杂性'而非'精确性'更加重要,使追求数据的'相关关系'而非'因果关系'成为必要"。也有研究者从未来课堂角度出发探讨未来教学模式运用类别:在原有课堂教学环境下,以自适应教学及云课堂为主的教学模式类型;基于大数据的学习分析技术,以自适应学习系统、社会化网络为主的教学模式类型;适应性教学与其他技术手段相结合的教学模式类型(刘智名,2018)。

三、信息化技术下的测评素养发展路径

一门独立的学科需具备相对完整的学科体系(陶本一,2002;肖正德,2014),测评如何借助大数据下的信息资源,有效整合、有效开发、有效利用,不仅是一个"观念认可(接受)-实际操作(学习)-有效利用(内化)-有效产出(外化)-创新可能(再创造)"的过程,同时也是教育信息生态化的过程。如何将传统授课模式与网络化、电子化、移动化、智慧化教育技术有机结合,提升外语教育质量与效率,也是外语教育必须探讨的一大议题(李民,2018)。移动互联的教学空间,要求教师的教学设计更具科学性、开放性和动态性,充分利用信息技术带来的生成性资源,服务于教学需要。对外语教师展开研究,不仅能解释外语教师发展的归类和特点,而且有利于教师个人和相关部门开展教师发展和教师教育工作,是保证外语教育质量、提升外语教育能力的关键举措。其根据正如因巴尔-劳瑞

（Inbar-Lourie，2016）所提出的外语教师测评素养构念建构的差异化和本土化特点。

目前，测评素养的发展和提升大多基于各类学术研讨会和工作坊来完成，但面对我国庞大的教师群体和测评利益相关群体，欲加快测评素养的提升速度，唯有借助信息化技术。目前，人工智能、数字化、网络化等计算机技术的发展已成为推动教学模式改革的技术因素（王守仁，2017）。人工智能可使外语教学系统做到教学个性化、人机互动智慧化；数字化使信息实现海量储存、传递速度加快；网络使教学可以超越时空限制，实现资源共享和自主学习。《大学英语教学指南》（2017）"鼓励教师建设和使用微课、慕课，利用网上优质教育资源最大程度地改造和拓展教学内容，实施基于课堂和在线网上课程的翻转课堂等混合式教学模式""为师生提供涵盖教学设计、课堂互动、教学辅导、学习练习、作业反馈、学习评估等环节的完整教学体系，实现人机互动"，借此，MOOC、SPOC、微课、翻转课堂、学习型 APP 等不同于传统"粉笔＋黑板"的教学新资源和新模式不断涌现，对教与学冠以信息化变革的趋势，这不失为测评素养提升的有效途径，不仅减少了集中培训中人力、物力和财力的消耗和浪费，还能及时有效地拟合大数据资源，提供多元化测评素养知识、技能和标准的培训，也可借助信息技术进行个性化的设置。

在有必要的情况下，采用 Maker/STEAM 项目驱动的创客工坊学习模式，演练测评素养的实践，赋予其强烈的目的性和情境性，可以引导教师知识点的"转移"来达成某一项具体项目任务的实现，以达到更好的自我检验和证据性检测。

第二节　语言测评素养 APP（iLAL）介绍

基于以上信息化和教育技术现代化的背景，我们认为一种有效提升高校英语教师语言测评素养的途径就是利用网络数字技术和手机客户端的功能。本节将主要介绍语言测评素养 APP（iLAL）的版块内容和使用说明等。

一、APP 的开发环境

iLAL 基于国际前沿的移动技术框架开发，分为前端和后端两个组成部分。

前端是面向移动端（手机、平板电脑等）的界面。iLAL 的架构基于 Cordova 跨平台开发框架，能通过 Cordova 应用程序接口访问移动端底层硬件（如存储器、摄像头、麦克风），并能直接发送网络请求、访问互联网资源。利用 Cordova 框架的跨平台特性，iLAL 可同时编译发布到 Android、苹果 iOS 等主流平台，并能针对各移动平台的特性进行优化。这种开发模式能在保证应用质量和通用性的同时大大提高开发效率。

后端基于云服务器架构，对用户数据进行高效处理、整合和存储。后端主要功能运行在 Apache 服务器上，配以以性能著称的 MySQL 数据库管理系统进行数据存储，可承载数千用户的并发访问，同时能满足多媒体传输等对性能和带宽要求较高的场景。

后端内容管理系统（Content Management System）采用国际主流的 WordPress 平台。WordPress 平台提供页面编辑、栏目管理等功能，可以方便地创建、编辑和发布内容。当用户打开 APP，APP 会发送网络请求至服务端，实时加载更新服务端内容，并同步用户数据，从而确保用户在每次登录时都能获取最新信息。

二、APP 安装说明

iLAL 可以通过两种方式进行安装。第一种方式是通过数据线连接电脑，将 iLAL 应用在 Android 系统上的可执行文件（.apk）导入手机文件管理器并点击进行安装。另一种方式是通过扫描二维码安装，安装时通过手机摄像头直接扫描，也可以通过微信等平台的"扫一扫"功能扫描。相比数据线连接电脑的手动安装方式，扫码安装更简单方便，因而是更值得推荐的安装方式（如图 9-1、图 9-2 所示）。

图 9-1　iLAL 的扫描安装界面

图 9－2　iLAL 的安装流程

扫码完成后,点击"安装"按钮,安装完成后进入应用桌面,点击 iLAL 应用
图标,即可进入 iLAL 主界面。

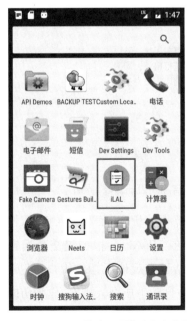

图 9－3　iLAL 的应用图标(高亮处)

图 9－4　iLAL 的主菜单界面

三、APP 功能

iLAL 的功能分为三大板块：量表板块、知识学习板块以及讨论板块。

（一）量表板块

《高校英语教师语言测评素养量表》是 iLAL 专门开发的一个智能测评工具。用户可通过填写问卷获取经 iLAL 智能分析后提供的多维度可视化反馈。反馈的维度包括："英语考试与英语教学实践""英语考试结果与考试使用""语言测试的基本原理""命题技巧与测试方法""语言测试的道德伦理及对语言测试的态度"，如图 9-5 所示：

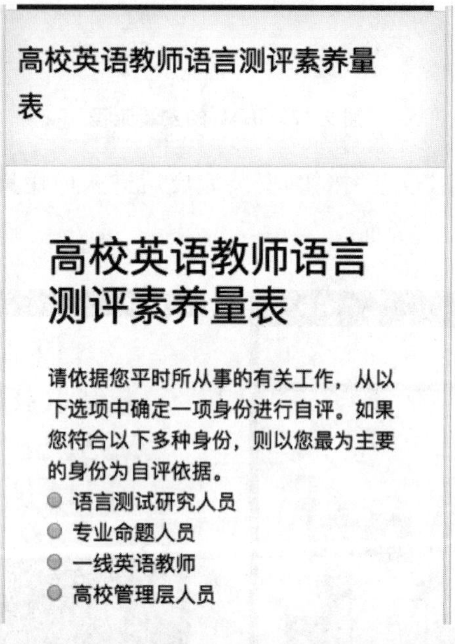

图 9-5 《高校英语教师语言测评素养量表》界面

用户首先点击"高校英语教师语言测评素养量表"菜单进入板块，按系统提示分步填写问卷。完成问卷题目后点击提交，iLAL 会根据提交数据自动生成反馈，并以雷达图界面将五个维度的测评结果直观地反馈给用户（见图 9-6）。系统可保存用户在某个阶段的作答数据，并自动生成个人档案，作为历时比较的依据。

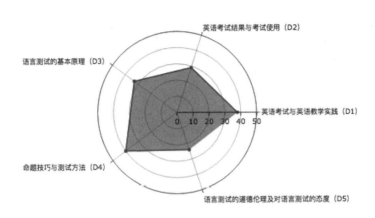

图 9 - 6　根据用户填写数据自动生成的雷达图反馈

（二）知识学习板块

　　知识学习板块分成以下 4 个子版块：①测评素养知多少；②测评工具用不用；③语言测试道德伦理；④测评素养读文献。每个子板块旨在介绍测评素养领域的关键知识。

　　子版块一，即"测评素养知多少"，包含以下 10 个话题的内容：①测评教学与学习；②了解你的学生；③确定学习成果并分享成功标准；④收集测评信息；⑤让学习者积极参与评估；⑥加强教师反馈；⑦提高测评的可信度；⑧报告和使用测评信息；⑨评估和提高教师测评能力；⑩建立和完善教师测评机制。

　　在这一版块中，我们还通过关键术语来呈现各种测评素养的知识与内容，并将每个话题分成"反思""输入""应用""阅读与资源""跟进"等栏目，通过文字、图片、视频等方式生动呈现（见图 9 - 7）。

图 9-7 内嵌于话题栏目的视频资源

子版块二,即"测评工具用不用"板块包含以下 4 个主题的内容:①常用写作测评工具;②常用口头测评工具;③常用的阅读和词汇测评工具;④其他有效的测评工具。其中,每个主题分为"指导原则和建议""测评任务和标准"两个部分,每部分之下有一系列知识点,可通过点击进入查看(如图 9-8 所示)。

子版块三"语言测试道德伦理"以及子版块四"测评素养读文献"精选了语言测试道德伦理和测评素养领域的重要文献(见图 9-9),为用户提供了一个可以进行深度阅读的文献库(部分节选可参见附录二)。

指导原则和建议

1. 准备测评学生的学习情况

2. 让学生做好测评准备

3. 选择写作测评任务

4. 使用测评标准

5. 做出值得信赖的测评决策

6. 将你的测试与测评素养连续体对接

7. 利用测评数据提高学习水平

测评任务和标准

1. 写作测评任务和标准

2. 测评素养提升项目标准表中使用的术语

图 9-8 "测评工具用不用"板块界面

2014 ETS Standards for Quality and Fairness

Preface

The *ETS Standards for Quality and Fairness* are central to our mission to advance quality and equity in education for learners worldwide. The *ETS Standards* provide benchmarks of excellence and are used by ETS staff throughout the process of design, development, and delivery to provide technically fair, valid, and reliable tests, research, and related products and services. Program auditors use the…

图 9-9 "语言测试道德伦理"版块界面

（三）讨论板块

讨论板块是 iLAL 的一个核心模块。通过简单易用的交互界面,用户之间可进行高效互动,促进师生之间的交流。

讨论板块的用户分为注册用户和普通用户两类。普通用户是所有 APP 使用者的默认身份,无需额外注册,即可自由查看讨论区里的最新内容,但没有发布和回复话题的权限。普通用户可通过注册界面注册,管理员审核通过后即可成为讨论板块的注册用户。注册用户可在讨论板块提问或发布话题(见图 9 - 10),也可以回复其他用户发布的话题。每个话题下回复的数量不限,用户可针对话题本身或其他用户的回复进行评论(见图 9 - 11)。

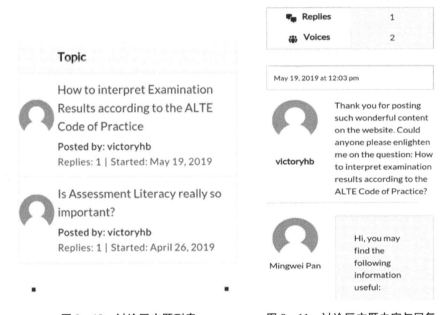

图 9 - 10　讨论区主题列表　　　　图 9 - 11　讨论区主题内容与回复

用户讨论产生的数据通过服务器上的 MySQL 数据库永久存储。管理员可根据需要移动或清理不同的话题及回复。此外,管理员可定期设置不同讨论专题,以促进师生对专题的深入讨论。

第三节 语言测评素养 APP(iLAL)的应用与展望

作为第一个专门为语言测评素养学习、测评与交流而开发的移动应用，iLAL 创新性地填补了语言测评素养领域的空白，有着广泛的应用前景。

首先，作为一个移动端应用，iLAL 为用户提供了一个可供随时随地学习和研究的平台。iLAL 系统地梳理了语言测评素养领域的主要知识点和相关文献，并通过多媒体界面生动有趣地把知识呈现给用户，提高用户学习效率，这有利于为语言测评素养领域培养充足的储备人才。

其次，作为一个在线系统，iLAL 能连接本领域专家，为世界各地的用户提供高效的交流平台。用户足不出户即可在 APP 中进行专题交流并得到反馈，该领域专家也可以通过 APP 进行学术争鸣，这些都有利于提升我国作为语言测评素养领域人才聚集地的影响力。

最后，iLAL 可作为一个智能测评工具为用户提供个性化反馈。iLAL 的测评模块可以智能发布并统计问卷结果，并可通过可视化界面把复杂的反馈结果简化为多维度图形，是教师和学生进行语言测评素养自评的有力工具。

iLAL 免费向用户开放，任何对语言测评素养领域感兴趣的学者、教师、学生均可以轻易获取并安装使用。经过精心的开发和测试流程，iLAL 的功能性和稳定性已经得到了初步验证。

展望未来，iLAL 的内容将得到进一步丰富和完善，其功能也将进一步优化和智能化。我们相信，iLAL 作为国家社科项目的重要成果，将在语言测评素养领域扮演重要角色。后期收集的大量数据在经过一定的加工和处理之后，将会对我国高校英语教师语言测评素养的持续提升起到积极的作用。

附录一 教师测评素养问卷节选

（节选来源：https://pareonline.net/htm/v8n22/cali.htm）

Part I

1. What is the most important consideration in choosing a method for assessing student achievement?

   ☐ The ease of scoring the assessment.

   ☐ The ease of preparing the assessment.

   ☐ The accuracy of assessing whether or not instructional objectives were attained.

   ☐ The acceptance by the school administration.

2. When scores from a standardized test are said to be "reliable," what does it imply?

   ☐ Student scores from the test can be used for a large number of educational decisions.

   ☐ If a student retook the same test，he or she would get a similar score on each retake.

   ☐ The test score is a more valid measure than teacher judgments.

   ☐ The test score accurately reflects the content of what was taught.

3. Mrs. Bruce wished to assess her students' understanding of the method of problem solving she had been teaching. Which assessment strategy below would be most valid?

   ☐ Select a textbook that has a "teacher's guide" with a test developed by the authors.

   ☐ Develop an assessment consistent with an outline of what she has actually taught in the class.

☐ Select a standardized test that provides a score on problem solving skills.

☐ Select an instrument that measures students' attitudes about problem solving strategies.

......

Part II

10. Gender, occupation, and nationality are considered _____ variables in most language studies.

☐ categorical

☐ fixed

☐ nominal

☐ ordinal

11. Likert scale information about how much students liked a given task is a(n) _____ variable.

☐ continuous

☐ ordinal

☐ discrete numeric

☐ nominal

......

Category	Pretest	Posttest
sample size	48	42
total mean	30	33
total range	7 – 44	12 – 52
total standard deviation	4.6	4.3
upper group mean score	45	50
upper group standard deviation	3.2	3.4
bottom group mean score	20	20
bottom group standard deviation	4.2	5.8

26. How does the upper group sample distribution differ from the bottom group?

27. What sort claims could validly be made about the "progress" of this class?

附录二　国际语言测评协会道德准则节选

（节选来源：http://www.iltaonline.com）

Principle 1

Language testers shall have respect for the humanity and dignity of each of their test takers. They shall provide them with the best possible professional consideration and shall respect all persons' needs, values and cultures in the provision of their language testing service.

Principle 2

Language testers shall hold all information obtained in their professional capacity about their test takers in confidence and they shall use professional judgement in sharing such information.

Principle 3

Language testers should adhere to all relevant ethical principles embodied in national and international guidelines when undertaking any trial, experiment, treatment or other research activity.

Principle 4

Language testers shall not allow the misuse of their professional knowledge or skills, in so far as they are able.

Principle 5

Language testers shall continue to develop their professional knowledge, sharing this knowledge with colleagues and other language professionals.

Principle 6

Language testers shall share the responsibility of upholding the integrity of the language testing profession.

Principle 7

Language testers in their societal roles shall strive to improve the quality of language testing, assessment and teaching services, promote the just allocation of those services and contribute to the education of society regarding language learning and language proficiency.

Principle 8

Language testers shall be mindful of their obligations to the society within which they work, while recognising that those obligations may on occasion conflict with their responsibilities to their test takers and to other stakeholders.

Principle 9

Language testers shall regularly consider the potential effects, both short and long term on all stakeholders of their projects, reserving the right to withhold their professional services on the grounds of conscience.

参考文献

Ainley, M. & Ainley, J. (2011). A cultural perspective on the structure of student interest in science [J]. International Journal of Science Education, 33(1),51 - 71.

Alamartgot, D. & Fayol, M. (2009). Modelling the development of written composition [A]. In R. Beard, D. Myhill, M. Nystrand & J. Riley (eds.), The SAGE handbook of writing development [C], (pp. 23 - 47). Sage Publications.

Alderson, J. C. (2001). Common European framework of reference for languages: Learning, teaching, assessment: Case studies [M]. Strasbourg: Council of Europe.

Alderson, J. C. (2005). Diagnosing foreign language proficiency: The interface between learning and assessment [M]. London: Continuum.

Alderson, J. C. & Banerjee, J. (2002). Language testing and assessment (Part 2) [J]. Language Teaching, 35(2),79 - 113.

Allen, J. & Bell, E.J. (1995) Guidelines for Assessment Quality and Equity, Australasian Curriculum and Assessment and Certification Authorities.

American Federation of Teachers, National Council on Measurement in Education & National Education Association (AFT, NCME & NEA). Standards for Teacher Competence in Educational Assessment of Students [J]. Educational Measurement: Issues and Practices, 1990(4): 30 - 32.

Anker-Hansen, J. & Andrée, M. (2015). Affordances and constraints of using the socio-political debate for authentic summative assessment [J]. International Journal of Science Education, 37(15),2577 - 2596.

Assessment Reform Group. (2008). Changing assessment practices: Process, principles and standards. Retrieved from http://www. aaia. org. uk/ content/uploads/2010/06/ARIA-Changing-Assessment-PracticePamphlet-Final. pdf.

Association for Educational Assessment-Europe. (2012). European Framework of Standards for Educational Assessment 1. 0 [Z]. Retrieved from https://www. aea-europe. net/wp-content/uploads/2017/07/SW _ Framework_of_European_Standards. pdf

Australian Institute for Teaching and School Leadership (AITSL) (2011). National Professional Standards for Teachers. Melbourne: AITSL.

Bachman, L. F. (1990). Fundamental considerations in language testing [M]. Oxford: Oxford University Press.

Bachman, L. F. & Palmer, A. S. (1996). Language testing in practice: Designing and developing useful language tests [M]. Oxford: Oxford University Press.

Bailey, K. M. & Brown, J., D. (1996). Language testing courses: What are they? [A] In A., Cumming & R., Berwick (eds.), Validation in language testing [C], (pp. 236 - 256). Clevedon, UK: Multilingual Matters.

Baker, M. (2018). In other words: A coursebook on translation [M]. Routledge.

Basl, J. (2011). Effect of school on interest in natural sciences: A comparison of the Czech Republic, Germany, Finland, and Norway based on PISA 2006. International Journal of Science Education, 33 (1), 145 - 157.

Bell, A., Mladenovic, R., & Price, M. (2013). Students' perceptions of the usefulness of marking guides, grade descriptors and annotated exemplars [J]. Assessment and Evaluation in Higher Education, 38(7), 769 - 788.

Berit S. Haug & Marianne Ødegaard (2015). Formative Assessment and Teachers' Sensitivity to Student Responses, International Journal of Science Education, 37: 4, 629 - 654.

Beverly, B. A. & Riches, C. (2018). The development of EFL examinations in Haiti: Collaboration and language assessment literacy development [J]. Language Testing, 35(4),557 - 581.

Biber, D. (2006). University language: A corpus-based study of spoken and written registers [M]. Amsterdam/Philadelphia: John Benjamins.

Bocala, C. & Boudet, K. P. (2015). Teaching educators' habits of mind for using data wisely [J]. Teachers College Record, 117(4),1 - 20.

Borg, S. (2006). Teacher cognition and language education: Research and practice [M]. London: Continuum.

Boud, D. (2013). Enhancing learning through self-assessment [M]. Routledge.

Brindley, G. (2001). Language assessment and professional development. Experimenting with uncertainty: Essays in honour of Alan Davies, 11, 137 - 143.

Brookhart, S. M. (2001). Successful students' formative and summative uses of assessment information. Assessment in Education: Principles, Policy & Practice, 8(2),153 - 169.

Brookhart, S. M. (2011). Educational assessment knowledge and skills for teachers [J]. Educational Measurement: Issues and Practice, 30(1),3 - 12.

Brooks, L. 2009. Interacting in pairs in a test of oral proficiency: Co-constructing a better performance [J]. Language Testing, 26 (3), 341 - 366.

Brown, J. D. & Hudson, T. (1998). The alternatives in language assessment [J]. TESOL Quarterly, 32(4),653 - 675.

Brown, J. D. & Bailey, K. M. (2008). Language testing courses: What are they in 2007? [J] Language Testing, 25,349 - 384.

Brunfaut, T. & Harding, L. (2018). Teachers setting the assessment (literacy) agenda: A case study of a teacher-led national test development project in Luxembourg. In Teacher involvement in high-stakes language testing (pp. 155 - 172). Springer, Cham.

Buccheri, G. Gürber, N. A., & Brühwiler, C. (2011). The impact of gender on interest in science topics and the choice of scientific and technical vocations [J]. International Journal of Science Education，33（1），159 – 178.

Bybee，R. & Mccrae，B.（2011）. Scientific literacy and student attitudes：perspectives from PISA 2006 science [J]. International Journal of Science Education，33(1),7 – 26.

Bybee，R.，McCrae，B.，& Laurie，R.（2009）. PISA 2006：An assessment of scientific literacy [J]. Journal of Research in Science Teaching：The Official Journal of the National Association for Research in Science Teaching，46(8),865 – 883.

Canale，M. & Swain，M.（1980）. Theoretical bases of communicative approaches to second language teaching and testing [J]. Applied Linguistics (1)：1 – 47.

Carless，D. & Boud，D.（2018）. The development of student feedback literacy：Enabling uptake of feedback [J]. Assessment and Evaluation in Higher Education，43(8),1315 – 1325.

Chanquoy，L.（2009）. Revision Processes [A]. In R. Beard，D. Myhill，M. Nystrand & J. Riley（eds.），The SAGE handbook of writing development [C]，(pp. 80 – 97). Sage Publications.

Chen，C.（2006）. CiteSpace II：Detecting and visualizing emerging trends and transient patterns in scientific literature [J]. Journal of the American Society for Information Science and Technology，57(3)：359 – 377.

Chen，C.（2017）. Science mapping：a systematic review of the literature. Journal of data and information science，2(2).

Cheng，L. & Sun，Y.（2015）. Interpreting the impact of the Ontario secondary school literacy test on second language students within an argument-based validation framework [J]. Language Assessment Quarterly，12(1),50 – 66.

Choi，K.，Lee，H.，Shin，N.，Kim，S.，& Krajcik，J.（2011）. Reconceptualization of scientific literacy in South Korea for the 21st century [J]. Journal of Research in Science Teaching，48(6),670 – 697.

Coombs，A.，Deluca，C.，Lapointe-Mcewan，D.，& Chalas，A.（2018）.

Changing approaches to classroom assessment: An empirical study across teacher career stages [J]. Teaching and Teacher Education, 71,134 - 144.

Crusan, D. , Plakans, L. , & Gebril, A. (2016). Writing assessment literacy: surveying second language teachers' knowledge, beliefs, and practices [J]. Assessing Writing, 28,43 - 56.

Csépes, I. (2009). Measuring oral proficiency through paired-task performance [M]. Frankfurt: Peter Lang.

Cumming, A. (2008). Assessing oral and literate abilities [A]. In Hornberger N. H. (ed.), Encyclopedia of Language and Education [C], (pp.3 - 18) Boston, MA: Springer.

Cumming, A. , Kantor, R. , & Powers, D. (2001). Scoring TOEFL essays and TOEFL 2000 prototype tasks: An investigation into raters' decision making and development of a preliminary analytic framework [R]. Princeton, NJ: ETS.

Cumming, A. , Kantor, R. , Powers, D. , Santos, T. , & Taylor, C. (2000). TOEFL 2000 writing framework: A working paper [R]. Princeton, NJ: ETS.

Datnow, A. & Hubbard, L. (2014). Teachers' use of assessment data to inform instruction: Lessons from the past and prospects for the future [J]. Teachers College Record, 117(4),1 - 26.

Davies, A. (2008). Textbook trends in teaching language testing [J]. Language Testing, 25,327 - 348.

Deeley, S.J. (2017). Using technology to facilitate effective assessment for learning and feedback in higher education [J]. Assessment and Evaluation in Higher Education, 43(3),439 - 448.

Deluca, C. , Lapointe-Mcewan, D. , & Luhanga, U. (2016). Teacher assessment literacy: A review of international standards and measures [J]. Educational Assessment, Evaluation and Accountability, 28(3),251 - 272.

Denton, P. & Mcilroy, D. (2017). Response of students to statement bank feedback: The impact of assessment literacy on performances in summative tasks [J]. Assessment and Evaluation in Higher Education, 43(2),1 - 10.

Drechsel，B.，Carstensen，C.，& Prenzel，M. (2011). The role of content and context in PISA interest scales：A study of the embedded interest items in the PISA 2006 science assessment [J]. International Journal of Science Education，33(1),73 - 95.

Egyud，G. & Glover，P. (2001). Oral testing in pairs：A secondary school experience [J]. ELT Journal，55(1)：70 - 76.

Fensham，P.J. (2010). Real world contexts in PISA science：Implications for context-based science education [J]. Journal of Research in Science Teaching，46(8),884 - 896.

Fitzgerald，J. (1987). Research on revision in writing [J]. Review of Educational Research，57(4),481 - 506.

Fives，H. & Barnes，N. (2016). Informed and uninformed naive assessment constructors strategies for item selection [J]. Journal of Teacher Education，68(1),85 - 101.

Freeman，S. A. (1941). What constitutes a well-trained modern language teacher? [J]. The Modern Language Journal，25(4),293 - 305.

Fulcher，G. (1996). Does thick description lead to smart tests? A data-based approach to rating scale construction [J]. Language Testing，13(2)：208 - 238.

Fulcher，G. (2012). Assessment literacy for the language classroom [J]. Language Assessment Quarterly，9(2),113 - 132.

Förster，N.，Kawohl，E.，& Souvignier，E. (2018). Short- and long-term effects of assessment-based differentiated reading instruction in general education on reading fluency and reading comprehension [J]. Learning and Instruction，56,98 - 109.

Galbraith，D. (2009). Writing about what we know：Generating ideas in writing [A]. In R. Beard，D. Myhill，M. Nystrand & J. Riley (Eds)，The SAGE handbook of writing development [C]，(pp. 48 - 64). Sage Publications.

Glogger-Frey，I.，Deutscher，M.，& Renkl，A. (2018). Student teachers' prior knowledge as prerequisite to learn how to assess pupils' learning strategies [J]. Teaching and Teacher Education, 76(6),227 – 241.

Glynn, S. M., Britton, B., Muth, D., & Dogan, N. (1982). Writing and revising persuasive documents: Cognitive demands [J]. Journal of Educational Psychology, 74: 557 – 567.

Gotch, C. M. & French, B. F. (2014). A systematic review of assessment literacy measures. Educational Measurement: Issues and Practice, 33, 14 – 18.

Grabe, W. & Kaplan. R., B. (1996). Theory and practice of writing: An applied linguistics perspective [M]. New York: Longman.

Griffin, P. (2017). Assessment for teaching [M]. New York: Cambridge University Press.

Gummer, E. & Mandinach, E. (2015). Building a conceptual framework for data literacy [J]. Teachers College Record, 117(4),1 – 22.

Halliday, M. A. K. & Hasan, R. (1989). Language, context and text: Aspects of language in a social semiotic perspective [M]. Oxford: Oxford University Press.

Halliday, M. A. K. & Matthiessen, C. M. I. M. (2004). An introduction to functional grammar (3rd ed.) [M]. London: Edward Arnold.

Harding, L. & Kremmel, B. (2016). Teacher assessment literacy and professional development [A]. In Tsagari, D. & Banerjee, J. (eds.), Handbook of Second Language Assessment [C] (pp. 413 – 428). Berlin: De Gruyter.

Hasselgreen, A., C. Carlsen, & H. Helness. (2004). European survey of language testing and assessment needs. Part 1: General findings [OL]. Gothenburg, Sweden: EuropeanAssociation for Language Testing and Assessment. http://www. ealta. eu. org/documents/resources/survey-report-ptl. pdf.

Hatim, B. & Mason, I. (1990). Discourse and the translator [M]. London: Longman.

Hayes, J. R. (1996). A new framework for understanding cognition and affect in writing [A]. In C. M. Levy & S. Ransdell (Eds.), The science of writing: Theories, methods, individual differences and applications [C] (pp. 1 - 27). Mahwah, NJ: Lawrence Erlbaum Associates.

Hayes, J. R. (2012). Modeling and remodeling writing [J]. Written Communication, 29: 369 - 388.

Herppich, S. (2018). Teachers' assessment literacy competence: Integrating knowledge-, process-, and product-oriented approaches into a competence-oriented conceptual model [J]. Teachers and Teachers Education, 76(6), 181 - 193.

Huhta, A., T. Hirvalä, & J. Banerjee. (2005). European survey of language testing and assessment needs. Part 2: Regional findings [OL]. Gothenburg, Sweden: European Association for Language Testing and Assessment. http://users. jyu. fi/~huhta/ENLTA2/First_page. html.

Hymes, D. H. (1972). On communicative competence [A]. In J. Pride & J. Holmes (Eds.), Sociolinguistics [C] (pp. 269 - 293). Harmondsworth: Penguin.

Inbar-Lourie, O. (2008). Constructing a language assessment knowledge base: A focus on language assessment course [J]. Language Testing, 25, 385 - 402.

Inbar-Lourie, O. (2016). Language assessment literacy [A]. In Shohamy E., Or I., & May S. (Eds.), Language Testing and Assessment. Encyclopedia of Language and Education [C], (pp. 257 - 270). Springer.

Jackson, P. & Serf, J. M. (2008). The 2007 revised standards for qualified teacher status: Doubts, challenges and opportunities [J]. FORUM: for promoting 3 - 19 comprehensive education, 50(1), 127 - 136.

JCSEE. Classroom Assessment Standards: Sound Assessment Practices for K - 12 Teachers [Z]. Retrieved from http://www. jcsee. org/ses.

Jeong, H. (2013). Defining assessment literacy: Is it different for language testers and non-language testers? [J] Language Testing, 30(3), 345 - 362.

Jin, Y. (2010). The place of language testing and assessment in the professional preparation of foreign language teachers in China [J]. Language Testing, 27, 555 - 584.

Jin, Y. & Jie, W. (2017). Do workshops really work? Evaluating the effectiveness of training in language assessment literacy [R]. Paper presentation at the 39th Language Testing Research Colloquium, Colombia, July 21 – 23.

Jin, Y. & Yan, M. (2017). Computer literacy and the construct validity of a high-stakes computer-based writing assessment [J]. Language Assessment Quarterly, 14(2),1 – 19.

Johnson, R., Becker, P., & Olive, F. (1998). Teaching the second-language testing course through test development by teachers-in-training [J]. Teaching Education Quarterly, (2),71 – 82.

Kellogg, R. T. (1988). Attentional overload and writing performance: Effects of rough draft and outline strategies [J]. Journal of Experimental Psychology: Learning, Memory and Cognition, 14(3),355 – 365.

Kellogg, R. T. (1990). Effectiveness of prewriting strategies as a function of task demands [J]. American Journal of Psychology, 103: 327 – 342.

Kjærnsli, M. & Lie, S. (2011). Students' preference for science careers: International comparisons based on PISA 2006. International Journal of Science Education, 33(1),121 – 144.

Kleinsasser, R. C. (2005). Transforming a postgraduate level assessment course: A second language teacher educator's narrative. Prospect, 20(3), 77 – 102.

Koh, K., Burke, C. A., Luke, A., Gong, W., & Tan, C. (2017). Developing the assessment literacy of teachers in Chinese language classrooms: A focus on assessment task design [J]. Language Teaching Research, 21(1),1 – 25.

Kremmel, B., Eberharter, K., Holzknecht, F., & Konrad, E. (2018). Fostering language assessment literacy through teacher involvement in high-stakes test development. In Teacher involvement in high-stakes language testing (pp. 173 – 194). Springer, Cham.

Lado, R. (1961). Language Testing: The Construction and Use of Foreign Language Tests. A Teacher's Book.

Lavonen, J. & Laaksonen, S. (2010). Context of teaching and learning school science in Finland: Reflections on PISA 2006 results [J]. Journal of Research in Science Teaching, 46(8),922 – 944.

Lee, J., Jang, J., & Plonsky, L. (2015). The effectiveness of second language pronunciation instruction: A meta-analysis. Applied Linguistics, 36(3),345 – 366.

Lembke, E. (2017). Professional development for data-based instruction in early writing: Tools, learning, and collaborative support [J]. The Journal of the Teacher Education Division of the Council for Exceptional Children. 41(2).

Levy, M. & Stockwell, G. (2006). CALL Dimensions: Options and Issues in Computer-Assisted Language Learning. ESL & Applied Linguistics Professional Series [J]. TESOL Quarterly, 11(2),27 – 30.

Li, Y. & Hu, G. (2016). Supporting students' assignment writing: What lecturers do in a master of education program me [J]. Assessment and Evaluation in Higher Education, 43(1),1 – 13.

Lingard, B., Mills, M., & Hayes, D. (2006). Enabling and aligning assessment for learning: Some research and policy lessons from Queensland [J]. International Studies in Sociology of Education, 16(2),83 – 103.

Malone, M. E. (2013). The essentials of assessment literacy: contrasts between testers and users [J]. Language Testing, 30(3),329 – 344.

Mandinach, E.B. (2015). Assessment to inform science education [A]. In Gunstone R. (Ed.), Encyclopedia of Science Education [C] (pp. 1 – 2). Dordrecht: Springer.

May, L. (2009). Co-constructed interaction in a paired speaking test: The rater's perspective [J]. Language Testing, 26(3): 397 – 421.

Mayer-Schonberger & Viktor. (2013). Big data: A revolution that will transform how we live, work, and think [M]. John Murray.

McKay, P.A. (2005). Research into the assessment of school-age language learners [J]. Annual Review of Applied Linguistics, 25: 243 – 263.

McKay, P.A. (2006). Assessing young language learners [M]. Cambridge:

Cambridge University Press.

McMillan, J. H. (2008). Assessment essentials for standards-based education. Corwin Press.

McNamara, T. (2005) Introduction to second language testing and assessment [M]. In Hinkel, E. (Ed.), Handbook of research in second language teaching and learning [C] (pp. 1 - 12). Lawrence Erlbaum Associates.

McNamara, T. & Roever, C. (2006). Language testing: The social dimension [M]. Malden, MA, and Oxford, England: Blackwell.

Mertler, C. A. & Campbell, C. (2005). Measuring teachers' knowledge and application of classroom assessment concepts: Development of the assessment literacy inventory [R]. Presentation at the Annual meeting of the American Educational Research Association, Montreal, 2005.

Messick, S. (1989). Meaning and values in test validation: The science and ethics of assessment. Educational researcher, 18(2),5 - 11.

Morrow, K. (2004). Insights from the Common European Framework [M]. Oxford: Oxford University Press.

Fulcher, N. G. & Davidson, F. (2007). Language testing and assessment: An advanced resource book. Miscelánea A Journal of English & American Studies, 283(5),F1098.

Olsen, W. (2011). Data collection: Key debates and methods in social research. Sage.

Osborne, J., Simon, S., & Collins, S. (2003). Attitudes towards science: A review of the literature and its implications [J]. International journal of science education, 25(9),1049 - 1079.

O'Loughlin, K. (2013). Developing the assessment literacy of university proficiency test users [J]. Language Testing, 30(3),363 - 380.

Pill, J. & Harding, L. (2013). Defining the language assessment literacy gap: Evidence from a parliamentary inquiry [J]. Language Testing, 30 (3),381 - 402.

Pinto, R. & El Boudamoussi, S. (2009). Scientific processes in PISA tests observed for science teachers [J]. International Journal of Science Education, 31(16),2137 - 2159.

Plake, B. S. & Impara, J. C. (1992). Teacher competencies questionnaire description [M]. Lincoln, NE: University of Nebraska.

Plake, B. S. & Wise, L. L. (2014). What is the role and importance of the revised AERA, APA, NCME standards for educational and psychological testing? [J]. Educational Measurement: Issues and Practice, 33(4),4 - 12.

Plake, B. S., Impara, J. C., & Fager, J. (1993). Assessment competencies of teachers: A national survey [J]. Educational Measurement: Issues and Practice, 12(4),10 - 39.

Popham, W. J. (2011). Assessment literacy overlooked: A teacher educator's confession [J]. The Teacher Educator, 46(4),265 - 273.

Preston, B. & Kennedy, K. J. (1995). The national competency framework for beginning teaching: A radical approach to initial teacher education? [J] The Australian Educational Researcher, 22(2),27 - 62.

Rea-Dickins, P. (2008). Classroom-based language assessment.

Reeves, T. D. & Honig, S. L. (2015). A classroom data literacy intervention for pre-service teachers [J]. Teaching and Teacher Education, 50, 90 - 101.

Reiss K. (2004). Translation criticism: The potentials and limitations [M]. Shanghai: Shanghai Foreign Language Education Press.

Rowe, A. D., Fitness, J., & Wood, L. N. (2015). University student and lecturer perceptions of positive emotions in learning [J]. International Journal of Qualitative Studies in Education, 28(1),1 - 20.

Sadler, D. R. (2010). Beyond feedback: Developing student capability in complex appraisal [J]. Assessment & evaluation in higher education, 35 (5),535 - 550.

Scarino, A. (2013). Language assessment literacy as self-awareness: Understanding the role of interpretation in assessment and in teacher learning. Language Testing, 30(3).

Schmeiser, C. B. (2010). Code of professional responsibilities in educational measurement [J]. Educational Measurement Issues and Practice, 14(3), 17 – 24.

Schoonen, R., Gelderen, A. V., Glopper, K. D., & Stevenson, M. (2003). First language and second language writing: The role of linguistic knowledge, speed of processing, and metacognitive knowledge [J]. Language Learning, 53(1),165 – 202.

Schulz, R. A. (2000). Foreign Language Teacher Development: Modern Language Journal Perspectives (1916—1999). MLJ, 2000,84: 496 – 523.

Shohamy, E. (2001). Democratic assessment as an alternative [J]. Language testing, 18(4),373 – 391.

Smith, C. D., Worsfold, K., Davies, L., Fisher, R., & Mcphail, R. (2013). Assessment literacy and student learning: The case for explicitly developing students 'assessment literacy' [J]. Assessment and Evaluation in Higher Education, 38(1),44 – 60.

Stiggins, R. J. (1995). Assessment literacy for the 21st century [J]. Phi Delta Kappan, 77(3),238 – 245.

Stiggins, R. J. (1999). Are you assessment literate? [J]. The High School Journal, 6(5),20 – 23.

Stiggins, R. J. (2001). The unfulfilled promise of classroom assessment [J]. Educational Measurement: Issues and Practice, 20(3),5 – 15.

Stiggins, R. & DuFour, R. (2009). Maximizing the power of formative assessments. Phi Delta Kappan, 90(9),640 – 644.

Strauss, P. & Mooney, S. (2017). Assessment for learning: Capturing the interest of diverse students on an academic writing module in postgraduate vocational education [J]. Teaching in Higher Education, 22(3),1 – 16.

Taylor, L. (2001). The paired speaking test format: Recent studies [J]. Research Notes, 6,15 – 17.

Taylor, L. (2009). Developing assessment literacy [J]. Annual Review of Applied Linguistics, 29,21 – 36.

Taylor, L. (2013). Communicating the theory, practice and principles of language testing to test stakeholders: Some reflections [J]. Language

Testing，30(3)，403-412.

The Importance of Teaching：The school White Paper 2010 of ［R］. Department for Education. London. Nonmember，2010.13-97.

Tsagari，D.（2011）. Washback of a high-stakes English exam on teachers' perceptions and practices. Selected papers on theoretical and applied linguistics，19，431-445.

Vaught，G. M. & 董正凯.（1981）.总统的专门委员会的外语建议.国外外语教学(02)，40-43.

Volante，L. & Fazio，X.（2007）. Exploring Teacher Candidates' Assessment Literacy：Implications for Teacher Education Reform and Professional Development. Canadian Journal of Education，30(3)，749-770.

Weigle，S. C.（2002）. Assessing writing ［M］. Cambridge：Cambridge University Press.

Weir，J.（2005）. Limitations of the Common European Framework of Reference for Languages（CEFR）for developing comparable examinations and tests ［J］. Language Testing，22(3)：281-300.

Wendler，C.，Kirsh，B. & 冯采.（2017）.理解和运用《教育与心理测试标准》：ETS 的案例研究［J］.中国考试，(10)，27-35.

Werlich，E.（1976）. A text grammar of English ［M］. Heidelberg：Quelle & Meyer.

Wharton，S.（1998）. Teaching language testing on a pre-service TEFL course ［J］. ELT Journal，52(2)，127-132.

Wilcox，K. C. & Jeffery，J. V.（2015）. Adolescent English language learners' stances toward disciplinary writing ［J］. English for Specific Purposes，38(2)，44-56.

Winke，P.，Lee，S.，Ahn，J. I.，Choi，I.，Cui，Y.，& Yoon，H.J.（2017）. The cognitive validity of child English language tests：What young language learners and their native-speaking peers can reveal ［J］. TESOL Quarterly，52(2)，274-303.

Xu，Y. & Brown，G. T. L.（2016）. Teacher assessment literacy in practice：A reconceptualization ［J］. Teaching and Teacher Education，58，149-162.

Xu，Y. & Carless，D. （2016）. "Only true friends could be cruelly honest"：Cognitive scaffolding and social-affective support in teacher feedback literacy［J］. Assessment and Evaluation in Higher Education，42（7），1082 - 1094.

Xu，Y. & Liu，Y. （2009）. Teacher assessment knowledge and practice：A narrative inquiry of a Chinese college EFL teacher's experience［J］. TESOL Quarterly，43，493 - 513.

Zaphiris，P. & Zacharia，G. （2006）. User-centered computer aided language learning［M］. Information Science Publishing.

Zhang，C. & Yan，X. （2018）. Assessment literacy of secondary EFL teachers：Evidence from a regional EFL test ［J］. Chinese Journal of Applied Linguistics，41(1)，25 - 46.

蔡丽.（2016）.英国新《教师标准》的内容、特点及启示［J］.教学与管理，（3），80 - 83.

陈宝生.（2017）.努力办好人民满意的教育［N］.人民日报，2017 - 09 - 08(7).

陈冰冰.（2008）.大学英语教学改革环境下的教师信念研究（二）［J］.外语电化教学，（4）.

陈坚林，王静.（2016）.外语教育信息化进程中的常态变化与发展：基于教育信息化的可视化研究.外语电化教学(2)，3 - 9.

陈坚林.（2010）.计算机网络与外语课程的整合［M］.上海：上海外语教育出版社.

陈时见，谭建川.（2011）.中小学初任教师入职教育的国际比较：侧重发达国家的主要经验与发展趋势［M］.重庆：西南师范大学出版社.

陈悦，陈超美，刘则渊，胡志刚，王贤文.（2015）.Citespace 知识图谱的方法论功能［J］.科学学研究，33(2)，242 - 253.

程晓堂，赵思齐.（2016）.英语学科核心素养的实质内涵［J］.课程·教材·教法，36(5)：79 - 86.

程晓堂.（2017）.英语学科核心素养及其测评［J］.中国考试，301(5)：7 - 14.

崔允漷.（2016）.素养：一个让人欢喜让人忧的概念［J］.华东师范大学学报（教育科学版），(1)：3 - 5.

邓杰，邓华.（2017）.中国英语能力等级量表的写作策略框架研究［J］.外语界，

(2):29-36.

杜静,颜晓娟.(2014).政策群视阈下的 21 世纪澳大利亚教师教育改革及启示[J].比较教育研究,(10),43-49.

范劲松.(2017).跨越不同利益相关群体的语言测评素养:第 39 届语言测试研讨会综述[J].外语测试与教学,(4),56-62.

冯翠典.(2013).科学素养结构发展的国内外综述.教育科学研究(6),64-68.

高鹏,杨兆山.(2014).2012 年英国教师标准研究.外国教育研究(1),113-121.

桂诗春.(1986).标准化考试:理论,原则与方法[M].广州:广东高等教育版社.

郭宝仙.(2008).新西兰教师资格与专业标准及其启示[J].外国教育研究,(9),57-62.

何克抗.(2012).学习"教育信息化十年发展规划":对"信息技术与教育深度融合"的解读[J].中国电化教育,(12),78-81.

贾爱武,陈培良.(2012).美国外语教师职前培养项目标准述评.外国中小学教育(02),35-40.

贾洪芳.(2017).中国教育考试质量标准研制初探:以美国《教育与心理测量标准》为例[J].当代教育科学,(1),84-87.

蹇世琼,饶从满.(2012).澳大利亚最新国家教师专业标准述评[J].比较教育研究,(8),9-13.

金艳,杨惠中.(2018).走中国特色的语言测试道路:大学英语四、六级考试三十年的启示[J].外语界,(2),31-41.

金艳.(2010).体验式大学英语教学的多元评价[J].中国外语,(1),68-111.

金艳.(2011).语言测试半个世纪的发展历程:"第 33 届语言测试研究学术研讨会"综述.外语测试与教学(4),56-59.

金艳.(2018).外语教师评价素养发展:理论框架和路径探索[J].外语教育研究前沿,(1),65-72.

雷新勇.(2011).基于标准的教育考试:命题、标准设置和学业评价[M].上海:上海科学技术出版社.

李杰,陈超美.(2016).Citespace 科技文本挖掘及可视化[M].北京:首都经济贸易大学出版社.

李民,王文斌.(2018).系统工程视域下外语教育学学科体系架构及其特征研究[J].外语电化教学,(4),5-10.

李清华,曾用强.(2008).外语形成性评估的效度理论[J].外语界,(3),82-90.

林敦来,武尊民.(2014).国外语言评价素养研究的最新进展[J].现代外语,(5),711-720.

林敦来,高淼.(2011).教师测评素养:理论与实践[J].外语教学理论与实践,(4),29-37.

刘建达,彭川.(2017).构建科学的中国英语能力等级量表[J].外语界,(2),1-9.

刘建达,吴莎.(2019).中国英语能力等级量表研究[M].北京:高等教育出版社.

刘建达.(2015a).我国英语能力等级量表研制的基本思路[J].中国考试,(1):7-11,15.

刘建达.(2015b).基于标准的外语评价探索[J].外语教学与研究,(3),417-425.

刘润清,韩宝成.(2000).语言测试和它的方法[M].北京:外语教学与研究出版社.

刘云杉.(2017)."核心素养"的局限:兼论教育目标的古今之变[J].全球教育展望,354(1),35-46.

柳国辉.(2010).新西兰教师专业标准运动及其启示[J].课程.教材.教法,(9),107-112.

罗莎.(2018).基于慕课的大学英语翻转课堂环境评价[J].外语电化教学,(4),18-24.

孟子舒,刘晓玫.(2018).国际视野中的新任教师标准比较研究[J].外国中小学教育,(10),64-71.

潘鸣威,吴雪峰.(2019).中国英语能力等级量表在中小学英语形成性评价中的应用:以写作能力为例[J].外语界,(1):25-32.

潘鸣威.(2017).中国英语写作能力等级量表的典型写作活动构建:系统功能语言学的文本类型视角[J].外语界,(2):37-43,52.

潘鸣威.(2018).中国英语写作能力等级量表研究:写作发展能力的视角[J].中国外语,(3):145-152.

潘鸣威.(2019).中国英语能力等级量表写作量表的构建:理论与思路[J].中国外语,(3):38-45.

彭康洲.(2014).外语教师外语测试素养研究及其对我国外语教师教育的启示[J].外语测试与教学,(4):23-28.

盛慧晓.(2014).外语教师评价素养的构成和发展策略[J].全球教育展望,(6),95-101.

束定芳.(2014).外语课堂教学中的问题与若干研究课题[J].外语教学与研究,(3),446-455.

束定芳.(2017).关于英语学科核心素养的几点思考[J].山东外语教学,38(2):35-41.

唐一鹏.(2012).2012英国教师标准改革述评[J].全球教育展望,(9),77-82.

汪贤泽.(2008).基于标准的评价研究[J].当代教育科学,(10),11-14.

王娜,张敬源.(2018).信息技术与外语教学深度融合之反思:基于技术融合的大学英语课堂教学改革实践[J].外语电化教学,(5),5-9.

王守仁.(2017).转变观念深化改革促进大学外语教学新发展[J].中国大学教学,(2),2-8.

王文宇、文秋芳.(2002).母语思维与二语写作:大学生英语写作过程研究[J].解放军外国语学院学报,(4),64-76.

文秋芳.(2007)."作文内容"的构念效度研究[J].外语研究,(3):66-71.

武尊民.(2003).英语测试的理论与实践[M].北京:外语教学与研究出版社.

夏雪梅.(2013).澳大利亚高中课程多样性:基于首富领地的实例与机制分析.当代教育科学(14):14-25.

熊建辉.(2008).教师专业标准研究[D].博士论文,华东师范大学.

许悦婷.(2013).外语教师课堂评估素质研究述评[J].外语测试与教学,(4),42-50.

杨学为,廖平胜.(2003).考试社会学问题研究[M].武汉:华中师范大学出版社.

姚文峰.(2007).美国INTASC新教师资格标准及其认证制度[J].新课程研究,(2),58-61.

于翠翠.(2018).信息技术驱动的课堂教学结构变革[J].课程教材教法,(3),21-26.

张厚粲.(1983).标准化考试简介[M].北京:高等教育出版社.

中华人民共和国教育部.(2011).义务教育英语课程标准[Z].北京:北京师范大

学出版社.

朱正才.(2015).关于我国英语能力等级量表描述语库建设的若干问题[J].中国
　考试,(4):11-17.

朱正才.(2016a).英语能力等级量表描述语量表化的可行性方案探讨[J].中国
　考试,(4):3-7.

朱正才.(2016b).中国英语能力等级量表效度研究框架[J].中国考试,(8):
　3-13.

邹申.(1998).英语语言测试:理论与操作[M].上海:上海外语教育出版社.

索　引